JN069876

歴史・地理と
祭りから見た
京都のまとめ帖

味わい深い
京都まち歩き

中田 哲

清風堂書店

はじめに

　私は、大阪府立高等学校の歴史・地理担当の教員をしていました。専門は地理で、常々覚えることに主眼を置かず、因果関係をしっかりとらえて、整理することができる力を養わせたいと思っておりました。そして教室の中にとどまらず、なるべく野外に出て地理的観察眼を養うことを主眼に置いてきました。

　例えば、学校の前の水田の水はどこから来てどこへ流れていくのか。水田の傾斜は、500〜600m緩斜面が続き自転車でひと漕ぎすると楽にその距離を進むことができ、それは緩斜面が、元小さな谷地形であったこと、水の管理はこのような些細なことも重要であったことなどが目の前の事実関係からわかるのですが、こうしたことなどを野外から学ばせました。また、予め課題を与えておいて、学校の地域に出させて、インタビューさせることもありました。

　私は高校を退職して、多くの教員を輩出しているR大学で、教科科目の講師などをしていましたが、野外に出て考えるプログラムに携われないか考えていたところ、NHKカルチャーセンターの方と接する機会があり、「グループワークなどの手法を使って祇園祭を楽しむ方法」を紹介したところ、NHKカルチャーセンターの方も賛同され、祇園祭の講座を引き受けることになりました。

　祇園祭については、NHKスペシャル「京都・祇園祭千年の謎」で取り上げていて、祇園祭の山鉾の胴懸けに使われている織物がどのようにベルギーから日本の町衆に流れていったのか、世界に一つしかない絨毯が祇園祭の山鉾町に本当にあるのかなど取り上げていました。実は、世界に一つしかない絨毯の復刻再生されたものが、山鉾に取り付けられていて、容易に見ることができます。私はこれらを新たな手法を使って、

楽しく見る試みを行いました。

　2014年は、高瀬川開削400年にあたりましたので、3回シリーズで、高瀬川・その沿川を取り上げることにしました。高瀬川は、舟の運航について、大変創意工夫に富んだ運河で、十条では、鴨川を西から東に轆轤（ろくろ）を使って横断させていました。1614年にこのような仕掛けができていたのかと十条川原で感激しました。

　高瀬川で荷を積み下ろしていた舟入場は、市内に9か所ありましたが、"1"の舟入場が整備復元されているのみで、水運機能もありませんが、運搬した部材の「材木町」、どこから来たのか「天満町」などから因果関係を探り当てることができます。これこそまち歩きで、現地を楽しむ一つではないかと思っております。

　以上のように、ＮＨＫカルチャーセンターで2013〜2015年の3年間行った後、会員を募って約30名の方と2016〜2022年間の7年間で約70回のまち歩きをしました。

　まち歩きで私が大切にしている視点が二つあります。一つは、上で述べたように野外で実物に触れ、あるいは現場に見られる現象について、因果関係をしっかりとらえることです。

　もう一つは、観光案内にとどまらず、一歩踏み込んで、例えば、過去の景観を復元して、なぜそうなっていったのか、推理してみたりする面白さです。

　例えば、旧五条（現松原通り）は、京都の人々にとって、洛外への出入り口でした。汁谷街道に向かえば東国への街道に出る、南に下れば伏見に、そのまま進めば、清水寺へ向かう。旧五条橋は、まず中之島に渡り、次いでまた、橋を渡って対岸に渡りました。中の島には、安倍晴明を祖とする陰陽師の人々が住んでいました。ここは陰陽師の人たちにとって特別な場所"聖地"でした。洪水時に陰陽師が祈祷すると、水が去って土になるといって、彼らは、法城寺（氵 去 土 成）を設けていま

した。対岸に渡ってしばらく行くと六道の辻に出ます。右に折れると、平家の六波羅探題があった六波羅蜜寺があります。辻には、幽霊が子供を育てた飴屋があります。清水へまっすぐ進むと六道珍皇寺、この寺は、小野篁が地獄の閻魔様のところへ出かけた井戸があるところです。いずれにしてもここらあたりは、葬送の地鳥辺野に接している所ということで、地獄や、死者の話が出てくるのでしょう。また、清水寺は、人気のある寺でした。清水の舞台に上がると京都の町をはるか遠くまで見ることができます。洛中から五条橋を渡ると湯茶を売る屋台もあって、人々は清水道を上って、清水の舞台に到着するというわけです。これは、当時の人々にとってとても楽しいひと時であったと思われます。私たちは、帰りは、大谷墓地を回りました。ここには、２万基の墓がありますので、葬送の地"鳥辺野"を実感できる地であります。

　このように過去を復元して、当時のありようを考えることは、現在を考える上でもとても有意義なことだと思います。

　京都も応仁・文明の乱時やその前後においては、治安が乱れ、住民は誰も守ってくれない状況が続きました。その時、街に仕掛けを作り住民を守ったのは、住民の共同体意識でした。

　溝を作ったり、釘貫といわれる木戸の類を作りました。そして敵が襲ってくると、たった数人の敵に対して、地域住民が2000人も出てきて戦いました。戦国時代の前期においては、何とか防ぐことができました。しかし、そのような工夫も信長のような強力な武力を持った相手には、太刀打ちできませんでした。やがて、検地刀狩りによって、完全に統治されていきますが・・。

　このように住民の意識の持ち方などは、歴史の中にはなかなか出てきにくいですが、大事にしたいことです。

松尾祭では、７つの大きな神輿が出て、担ぎ手の大きな掛け声が迫力あって、素晴らしい。それだけで十分満足できますが、ではなぜ、松尾で、７つの大きな神輿が出されるのか。氏子領域はどのようなものか。誰が、神輿を支えているのか。

　それについての説明は、本文に任せるとして、氏子領域の範囲を地図上や、氏子地域を実際に歩いて確かめたり、氏子領域が飛び出したような形で、いくつかの神社があって、そこの町内が重要な役割をするのを考察したりします。

　そうすると、桂川が大きな役割を果たしているのが見えてきます。このように祭りの中から何かが見えてくれば楽しいに違いありません。

　大都市には、住民同士の交わりは少なく、「隣の人は何する人ぞ」とよく言われます。西賀茂地区を歩くと五山の送り火「船形」を準備する人々、平安時代から平安京の役所や貴族の屋敷の屋根を葺いている瓦を焼く職人が多く住んでいたこと（登窯跡が見られる）など地域の人々を結び付けてきた、あるいは、現在でも結び付ける要素がそれなりにあることがわかります。

　このような人々の結びつきは、現地に出かけて、話をして、初めてわかることで、まち歩きの面白さの一つはここにあります。

　１回に行ける範囲は限られていますが、まち歩きの会を重ねると見えてくるものがあります。嵐山は、景勝地として有名で、多くの寺が存します。院政も行われた大覚寺・後醍醐天皇を弔うために尊氏が創建した天竜寺、さらに近くには、古くからある広隆寺・仁和寺など数多くの寺院があります。古代・中世においては、寺院は、文化の拠り所の一つで、これらの寺院は桂川の津から６km以内にあります。また、鳥羽の津に上陸し、鳥羽の作道を北上、羅城門からさらに、朱雀大路を大極殿まで

行くと15km 歩くことになります。もし桂川をうまく使って、嵯峨や、梅津に上陸できれば、内裏には、最短距離で行くことができます。

　角倉氏は河川のスペシャリストで嵯峨に居を構えたのは、全国あるいは、外国へ行くのにも嵯峨で事足りると考えたからです。

　だから、嵐山を自然豊かな景勝地だけにとどめず、かつては、景勝地であると同時に、水運に優れていて、輸送の拠点であったことをまち歩きの参加者に理解してもらいたいものです。

　一回ごとのまち歩きでは、見学する視点が、回ごとのテーマに沿って行われるから、水運の視点などで統一して見てみるのはとても有効なのではないでしょうか。

　こうした視点を重視しながら、具体的にまち歩きを行った事例をご紹介したいと思います。ご参考になれば幸甚です。

参考資料
「転換期の教材体験－高校生の野外体験学習」教科専門誌『地理』中田哲 Vol30-No-11、1985年、古今書院
「転換期の教材体験－ウォークラリーを利用した野外調査」教科専門誌『地理』中田哲 Vol32-No1、1987年、古今書院

京都の自然と鴨川改修

　白河天皇は、自分の意のままにならぬものとして、山法師、賽の目、鴨川を上げています。平安時代以来洪水がしばしば起き、それをどうすることもできなかったからです。江戸時代には、護岸（石積）工事等していますが川幅の拡張、川底の掘り下げなどはできていません。1935年に大洪水が起こって三条大橋なども破壊され流されています。それを契機に、今後の方向が決定され、改修がなされていきました。下右図によれば、鴨川および桂川沿岸部分はかなり広い部分が氾濫・浸水しました。下左図では三条大橋が破壊し流されています。堤防整備・改修が行われ、流量が大幅に増えました（右頁図）。江戸時代の石積護岸工事では、川幅はむしろ狭まっています。お土居の撤去も氾濫を拡大しました。

洪水時の写真（三条大橋）

四条大橋付近のはん濫状況

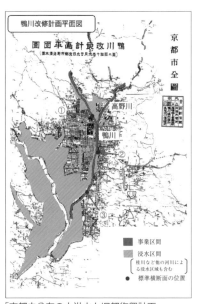

「京都未曾有の大洪水と旧都復興計画
（昭和10年11月）京都府」を加工して作成

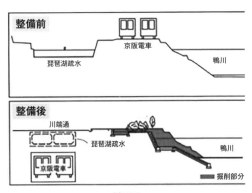

整備前
京阪電車
琵琶湖疏水
鴨川

整備後
川端通
琵琶湖疏水
鴨川
京阪電車
掘削部分

断面図
（松原橋～五条大橋付近）

整備前
整備後

「花の回廊整備」

京都盆地は、勾配が急で上賀茂から少し上流の庄田橋（標高100m）から京都駅付近（標高27m）の13kmの間に80mほど下っています。勾配は急でいきおいよく流れます。溢水氾濫や破堤氾濫が起こればなおさらです。

1936年以降の改修によって河岸に建つ住宅を整備し、疏水は導管に移し京阪電鉄を地下化し川幅を大幅に拡大し、流量を増やすことができました。白河天皇がいたら、「オオやっとできたか」とでも言うかもしれません。

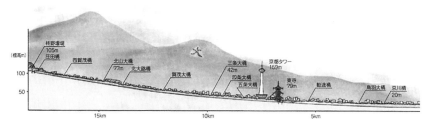

鴨川の河床勾配

資料出典『鴨川河川整備計画（平成22年）京都府』

味わい深い　京都まち歩き

目　次

※「特別企画」は場所を限定しないプログラムで、見学地は複数箇所

■本書の見方

①地域区分：京都については、旧洛中地域（C）・その北の地域（N）・
その西の地域（W）・その東の地域（E）・その南及びその他他府県
（S）については、滋賀・大阪・奈良と記載。別紙の「京都まち歩き
MAP」をご参照ください。

②見学によい季節： 年間 １年を通して見学できる、 秋 季節の内、見
学によい季節。秋と春とあれば２つの季節が見学によい季節となる。

③まち歩きガイドを開催した日。

第 1 章

京都北地域
（N地域）

西 賀 茂

2017年10月21日

北大路バスターミナル発➡神光院➡大将軍八神社➡西方寺・小谷
墓地➡法雲寺➡正伝寺➡霊源寺➡川上大神宮社
（所要時間 3 ～ 4 時間）

ねらい
1 開発の古い西賀茂に焦点を当てます。登り窯の跡と平安京の建物の瓦
職人について考察します。
2 この地域は温かい雰囲気を持っていますが、太田垣蓮月や西方寺の船形燈籠送り
火の影響について考えます。

　神光院は（真言宗の単立寺院で）、市バス停「神光院」を降りたとこ
ろにあります。西賀茂地区最南端に位置し、境内の建物も比較的新しい
ため、明るい印象の寺院です。

　茶室「蓮月庵」は太田垣蓮月（幕末の歌人・陶芸家）の隠棲場所で、
85歳の時にこの場所で亡くなっています。蓮月は、生前飢饉のときには、
私財を寄付するなどしていて、別れを惜しんだ西賀茂村の住民は総出で
弔ったということです。

　次に**大将軍八神社**を訪ねましょう。大将軍というと「征夷大将軍」の
イメージが強いですが、ここでいう大将軍は、陰陽道の方位を司る神で、
桓武天皇が平安京遷都に際して奈良春日の地より勧請して都の鎮護を
祈ったその一つです。地域との馴染みは深く、大将軍という地名、小学
校名、バス停などに使われています。

　大船院**西方寺**は浄土宗寺院です。元は天台宗でしたが、道空によって
鎌倉期に浄土宗に改められました。道空は、彼岸や盆に鉦や太鼓を打っ
て、六斎念仏を始めました。ただ、西方寺が船形燈籠送り火を取り扱う

ようになった起源はわからないようです。

　送り火の前になると護摩木の受付など多くの人が寄り集まって、準備を行っています。五山の送り火の準備は多くの人の手を煩わせ大変ですが、地域の人々を結びつける役割をしているように思われます。西賀茂は人々が寄り集まる温かい雰囲気があるのですが、船形燈籠送り火はその一つであると強く感じました。

　西方寺のすぐ近くの**小谷墓地**には、幕末の歌人太田垣蓮月尼や、著名な料理人で、陶芸家の北大路魯山人が眠っています。

 ## 太田垣蓮月尼の歌のエピソード

　戊辰戦争の時、三条大橋を通りかかった西郷隆盛に託した歌。「あだみかた　かつも　まくるも哀れなり　同じ御国の人と思えば」同じ日本人が戦う悲劇を歌ったこの歌が、もしかすると江戸城無血開城につながったかも。

　法雲寺は1983年に四条大宮から移転してきました。十一面観音菩薩は、御影石の一刀彫石造として、日本一の高さを誇ります。

　正伝寺は臨済宗南禅寺派の禅寺です。応仁の乱で、多くの塔頭などが焼けてしまって、今は、方丈（本堂）と庫裏、鐘楼を残すのみですが、枯山水の庭は、比叡山を借景にしながら厳かな佇まいで、私たちに静寂の一時を与えてくれます。ここはお勧めの禅寺です。

　霊源寺は、1636年創建、臨済宗単立寺院。開山仏頂国師が、岩倉家の祖の岩倉具堯（ともたか）の三男だった関係から、霊源寺は岩倉家の菩提寺となり、岩倉具視は尊王攘夷派から追及され1862年官を辞し、この寺で落飾蟄居しました。

　川上大神宮社は川上集落の産土神で、上賀茂神社の読経所の鎮守社。今宮の**やすらい祭り**に、川上大神宮社から花で飾った風流傘を中心に、

赤や黒の鬼たちが、鉦や太鼓囃子で踊りつつ今宮神社に向かいます。今宮神社では、鬼の踊りが披露され、風流傘の中に入ると疫病から逃れられるといわれています。

　西賀茂はとても面白い地域です。この地域には、平安京の昔から、瓦職人が多くいて、瓦生産が行われ、そのため集落ができ神を祀る神社ができ文化が生まれてきました。いまでも賀茂ナスなど独自の農産物もあり、人々が生き生きしているように思われました。

　このコースは、バスを降りてから寺や神社が順番に並んでいて、まち歩きに最高なコースです。

京の街に出雲郷を見る

年間

2017年12月7日

まち歩きコース

京阪出町柳駅発➡出雲井於神社➡出雲路橋➡上御霊神社➡出雲路
➡相国寺➡出雲路幸神社➡同志社大学（所要時間3時間ぐらいな
ので、途中間食でも）

ねらい
京都に出雲路・橋の地名が見られます。これはなぜでしょうか。また、出
雲の神様が賀茂神社の本殿横に祀られていますがなぜでしょうか。

出雲井於神社と出雲人の進出
（いずもいのへのじんじゃ）

出雲氏は、平安時代以前に山陰
の出雲（島根東部・鳥取西部）地
方から丹波を経て京都愛宕郡（おたぎ）に進
出してきました。今でも出雲郷・
出雲路橋・出雲路などの地名が
残っています。正倉院記帳に出雲
郷に3000人以上が住んで、大和政
権に兵士・采女を送ってきている

下鴨神社本殿のすぐ横にある出雲井於神社

とありました。出雲氏が早くから京都・奈良に進出してきていたのがわ
かります。上御霊神社は上出雲寺のあったところで、奈良時代の瓦が出
土しています。

出雲井於神社が下鴨神社の境内にある理由は、賀茂氏が京都北部に
入ってきたとき、出雲氏は既に京都にあって、そこに賀茂氏が入ってき
てうまく溶け込んで、賀茂氏の神社に出雲の神様も祀ることにしたのだ
といわれています。

出雲寺

　この辺りを歩いてみて、出雲路や出雲路橋の存在で、出雲人がここに
いただろうことは想像できますが、上下出雲寺も廃寺になっていて、現
地で痕跡を見つけるのは難しいと思っていました。また、寺町通りには、
出雲寺というのがありますが、これも浄土宗なので、無関係かなと思っ
ていました。ところが、上出雲寺が荒廃したとき、上出雲寺の聖観音菩
薩像が鎮守社であった上御霊神社の観音堂で祀られるようになりました。
その後、明治の神仏分離令で神社から現出雲寺に遷されてくるわけです。
そんなことで、京都の古代に出雲路にあった上出雲寺の流れをつなぐ寺
が、今の"出雲寺"とわかり、大変感激しました。

　出雲路 幸 神社（御所の北）は鬼門の神様で、上御霊神社の西にある
猿田彦神社の祭神は、幸神社の祭神でもあり、平安時代の政府から重要
な位置づけをされていました。外国からやってきた唐などの使節をここ
に連れて行って、祓い
を受けさせるようなこ
ともしていました（794
年、社殿造営『延喜式』
に外国使節祓いのこと
記す）。

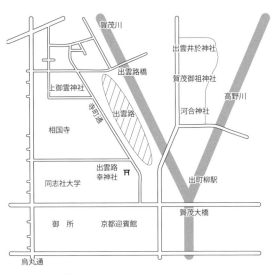

京都の出雲路地区概略図

下鴨神社の森　葵祭＝賀茂祭

2017年5月1日と15日

N3とN4の ねらい 下鴨神社・上賀茂神社・葵祭・神社の森を訪れるねらい

1 賀茂神社については、祭りといえば、賀茂祭（葵祭）のことで朝廷も賀茂神社を大切にしてきました。それはどうしてでしょう。

2 私たちは樹林が枯渇することなく活き活きしていることを望みますが、近年樹木が枯渇することがあり、環境がどのように変化してきたのか、賀茂の森ではどうなっているのか、知りたいものです。糺の森や上賀茂の森を訪ねます。

　葵祭は、上下の賀茂神社で行われます。通称下鴨（賀茂御祖）神社の祭神は、賀茂建角身命と玉依姫命で、上賀茂神社の祖父と母にあたります。

祭の起源と沿革

　欽明天皇の567年、国内は風雨がはげしく不作の年でした。それは賀茂の神々の祟りだというので、賀茂の大神の崇敬者であった卜部伊吉の若日子を勅使として4月中酉の日に祭礼を行い、馬には鈴をかけ人は猪頭をかぶって駆競をしたところ、風雨はおさまり豊作になりました。これが祭りの起源とされています。

　都は794年に長岡京から平安京に遷りましたが、それよりかなり前から、賀茂一族は大きな活動をしていました。いいかえれば、6世紀前には賀茂一族はすでに、京都盆地に入り、神を崇める体制を作っていたことになります。賀茂の祭りには、競馬や流鏑馬などが含まれていたと思われます。

祭の日程（上は上賀茂神社、下は下鴨神社）

　5月3日　下：流鏑馬神事

　5月4日　上・下：交代で斎王代女人列禊神事

　5月5日　上：競馬　下：歩射神事

5月12日　上：御阿礼神事　　　下：御蔭祭神事

5月15日祭り当日　路頭の儀と社頭の儀２つが並行して行われます。

見学は、上の日程を参考に、また、15日の路頭の儀では、御所から上賀茂まで８kmあるので、場所さえ確保できれば、十分に見られます。

御所出発〈10：30〉→丸太町〈11：00〉→下鴨神社〈11：40〉

下鴨神社出発〈14：20〉→洛北高校前〈14：40〉→鴨川堤→上賀茂神社〈15：30〉着

路頭の儀　５月15日、平安時代には天皇が勅使に幣帛を授け、勅使が下上賀茂神の両神社へ参向します。現在、天皇は神事を行っていないので、勅使はありません。勅使代＝近衛氏使が参加します。行列に加わらず、社頭の儀に出ます。また他の祭りと違うところは、神輿が出ず、神が神輿に乗って出てくることもありません。

社頭の儀

朝廷側：神社で御幣物を供えた上で、「御祭文」（天皇の言葉）を奏上していました。

神社側：本殿祭（神饌などを供えて神をもてなす）、勅使に対して、「返祝詞（神の言葉、神職が述べる）」を唱え、神馬を引き回したり、歌舞伎を奉納したりします。

見物客最大の関心事は、路頭の儀で、御所から下鴨神社を経由して上賀茂神社まで、８kmを約500名、馬36頭、牛４頭が練り歩きます。

松尾祭や日吉の山王祭のように神が神輿に乗って、御旅所等に行くというようなことはなく、神が行列に参加しない珍しい祭りであります。路

流鏑馬のようす。ちょうど的を打ち抜いたところ

頭の儀の中心は儀式的には、勅使（代）ですが、多くの人が興味を持っているのは、斎王代の行列でしょう。

　斎王は、天皇に代わって伊勢神宮に仕えるため天皇の代替わりごとに、皇族女性の中から選ばれ、都から伊勢に派遣されました。斎王は、天皇が即位すると未婚の内親王（又は女王）の中から占いの儀式で選ばれました。伊勢の斎王と同様に、賀茂斎王（斎院）になると宮中の初斎院に入り、その後野宮に移り潔斎の日々を送り、翌年櫟谷七野神社の斎院に入り賀茂の神々に奉仕することになると思われます（賀茂斎院についてはＰ39のＮ8参照）。

　斎王は、伊勢と賀茂神社だけにおかれたので、特別なものであったことがわかります。ただ、1221年の承久の乱等で何度も途切れ、斎王の参加が復活したのは、1953年で、700年も途切れていて、再び復活したのは、珍しいといえます。

　今私たちは葵祭と言っていますが、葵祭と言われるようになったのは、江戸時代からです。それまでは単に祭り、あるいは賀茂祭と言われていました。では葵祭と言われたのはなぜでしょう。

徳川家と上賀茂神社

　京都では、祇園祭が、応仁の乱（1467〜1477）の後、33年ぶり1500年に復活しています。また葵祭の復活に際して、綱吉は、次のような質問を上賀茂神社にしています。徳川綱吉は1686年「御尋ね」として次のようなことを上賀茂神社に尋ねました。

①御所で葵をかけている由来は何か。

②"葵"献上の際、一緒に経文などを添えているが、これはどのような災難を除くのか。

③賀茂から雷除けの「白札」が出されているが、その詳細についてのべなさい。

次のように回答しました。

➡ ①上賀茂神社では、"葵"は祭神が降臨されたはるか昔から崇め奉って
　　いて、上賀茂神社の神草です。欽明天皇から応仁の乱頃まで毎年続
　　けられていて、日本の祭りといえば、賀茂祭を指します。その異称
　　が「葵祭」で毎年4月に天皇等に葵を献上してきました。
➡ ②すべての災いに効力があります。

生物多様性と寺社林

　生物多様性の重要性が叫ばれていますが、どのように理解すればいいので
しょう。生物多様性は3つの領域から理解する必要があります。
①種
　それぞれの生態系に適応してさまざまな動植物が生息生育しています。
　国連環境計画では動物は種777万種、植物は30万種としています。それら
は互いに補完して成り立っています。一つの種が絶滅するとその種のお陰で
成り立っていた別の種は別の行動を起こし、順次問題が起きる可能性があり
ます。
②遺伝子
　同じ種の中にも多様な個性が存在します。もし多様でなく同じだとすると、
病気や気候変動で全滅するかもしれません。
③生態系の多様性
　森林、河川、湿原、草原、海洋等それぞれに応じた生態系があります。人
間も含めて生物は生態系を構成していて、森林、淡水、熱帯などの雨林から
食料、水、木などをもらっています。互いに補完しあって成り立っています。
一つが欠けると成り立たない可能性があります。
災害抑止力：生態系は、自然災害を抑止、その被害を減少させる力を持って
いますが、温暖化が進むと生態系が壊れ、気候変動や異常気象が起きます。
都市に住んでいる場合、自然に接する場は限られています。例えば近代まで
は村落の近くに里山を形成して、自然からエネルギー源（落ち葉・薪・炭）

➡③雷除けにも効力がありますが、特に望む人にはお守りを渡しています。ただし、上賀茂神社からは出していません。

このように回答しましたが、幕府は回答が不十分として、もう一度呼び出しています。綱吉の頃は幕政も安定してきたので、礼儀によって秩序を維持する上からも朝廷儀式を重んじる政策をとり、大嘗祭を221年ぶりに、そして、葵祭を192年ぶりに再開したのです。

を得て生活をしていました。里山は、村落が持つ場合や買う場合、借りる場合などいろいろありました。里山は寺社が所有する場合もありました。

人間の産業活動によって生態系が壊されていますが、生態系全体を見ることは難しく、また、身近に触れる機会が少ない現状にあります。その中で寺社の森林は神聖な場所として、木を切らず残され大木が多く、天然記念物として大切にされ、大木の洞を利用して動物が住み着く場合もあります。都市の中にあって、自然と接することができる貴重な場所となっています。京都は公園が少ないといわれていますが、古い寺社は多くあり、寺社の林も多く、それらを利用して、自然とのふれあいの催しも様々考えることができます。

上・下賀茂神社も多くの樹木があり、その在りようを観察するのに適しています。

上賀茂神社はエノキ・ムクノキ・ツガ・クスノキなどの大きな木があり、本数は少ないので境内は明るく感じます。一方下鴨神社の糺の森は、1934年の室戸台風でほとんどの巨木が倒れて新たにクスノキが植えられ、90年近くになり大きく成長しています。しかし、クスノキ林は、日光を通さず新たな木が育ちにくく、ケヤキ・エノキ・ムクノキにクスノキが混じる今の景観がやがてなくなると予想されます。

※京都府は府民環境部自然環境保全課主催で2022年は「若手のための生物多様性保全研修会」を4回行っています。担当は、府民環境部自然環境保全課、連絡先はTEL075-414-4706。関心のある方は、ぜひ参加してみてください。

下鴨神社の"糺の森"は原生林ではない

　糺の森を歩くと、楠の森のような景観です。1934年の室戸台風と翌年の大水害の被害で、これまで数千本あった樹木がわずか、97本まで激減してしまいました。その後、京都盆地には分布していない植林用の楠が国から配布されて育

糺の森の南は落葉樹が多くて明るい森

てられたものです。このまま放置すると、楠は陰樹なので日照不足でエノキなどは育ちません。鳥によって運ばれてきたシュロの種子が発芽して成長していますが…。楠を伐採すれば、日光を入れることができますが、どうすればいいか観察することが大切で、そんなことを意識したフィールドワークも必要です。

　下鴨神社の南に河合神社があり、鴨長明が日野に建てた小さな庵を復元しています。鴨長明はここの禰宜の家系でした。

本殿近くの森は陰樹が多い、本殿南

河合神社本殿。
鴨長明はここの禰宜の家系であった

上賀茂神社と境内の森

5月 年間

2017年11月22日

地下鉄北大路駅改札口発➡バスで上賀茂神社➡上賀茂神社の境内の樹木➡伝統的建造物群保存地区➡大田神社➡深泥池➡植物園北遺跡➡ランチ（所要時間3時間）

　上賀茂神社は祭神賀茂別 雷 大神を祀っています。下鴨の祭神「賀茂建角身 命」は祖父「玉依姫 命」は母です。

上賀茂神社境内の樹木

　通称上賀茂神社は、賀茂別雷神社で祭神は雷神で雷の神といわれます。また雷を別ける、雷を除く厄除けの神として信仰する人もいます。

　境内は、数少ない大きな樹木を植えているだけで、広々して、明るく保っています。下鴨神社の陰樹の楠で覆われ、鬱蒼とした景観とは異なります。エノキ・ムクノキなどはもともとあった木かもしれません。また、テーダマツ、タラヨウなど他ではあまりない樹木です。タラヨウは文字が書ける葉、テーダマツはアパラチア山脈の南産の松です。

上賀茂神社で5月5日に行われる「くらべ馬」。かなり激しい競争で、私たちが見ている前で、落馬されて、救急車で運ばれました。幸い大したことはありませんでした。（写真の方とは別人）
（写真：上西三郎）

エノキ

　夏に木陰を広げてくれるので「榎」と書きます。果実は齧るとニッケイに似た香りがします。大木になるので一里塚になります。「餌の木」ヒヨドリ・メジロ・ムクドリの餌になるため「餌の木」と呼ばれます。オオムラサキ・ゴマダラチョウの食樹で、冬エノキの根元に溜まる落ち葉にくっついて冬を過ごします。

寺社の森

　寺社の森は今まで私たちに、のびのびできるやすらぎを与えてくれてきました。その森の樹木が変化してきていることに注目しなければなりません。それは皆さんもご存じのように、樹木が何らかの理由で枯れてきている問題です。

　まず**松枯**から取り上げましょう。松の中に入り込んで松を枯らすマツノセンザイチュウとそれを運ぶマツノマダラカミキリによって、急激な枯死が引き起こされています。

　問題はマツノセンザイチュウだけではありません。松は岩の上でも育つ木です。よく崖の上で、大きな松を見かけますが、松は貧栄養な土地でこそ育ちます。土壌養分の吸収は菌根菌を介して行っているのです。菌根菌はキノコを形成するものが多くあり、松茸もそうなのです。

　松茸菌は他のキノコ類や細菌との競争に弱いので、栄養分の少ない乾燥気味の土地でしか生きることができません。水分や栄養分が多い土地ではライバルが多いので負けてしまいます。里山で松の下の葉がかき集められず放置され落葉樹の葉が堆積すると養分が多くなり、松の菌根菌は他の菌類に勝てず、弱っていくということです。

　なら枯も深刻です。カシノナガキクイムシは菌食性の昆虫でカビの一種を樹体内で感染増殖させこれを餌として爆発的に増えます。これが起

きた原因は、人々の生活の変化にあります。近代になるまでの人々の日常の薪などは、里山の落ち葉や若い木々に依存してきました。近代になると石油使用など燃料が変化してきて、里山には依存しなくなってきました。

　カシノナガキクイムシは直径10cm以上の樹木で繁殖効率が良いため、大径木ほどたくさん羽化し、翌年の被害につながります。そのため高齢なら材ほど被害が激しくなります。

　近代までの里山にあった薪炭材は、10年～20年くらいまでに伐採して利用されるものが多かったため、20年前後の若齢林では虫の繁殖はほとんど見られませんでした。アカガシ、ウラジロガシ、マテバシイも同様です。

樹木探し

　これら樹木について、上賀茂神社では、樹木探しを行いました。

　①一の鳥居：ツガ、クスノキ、エノキ、テーダマツ

　②神馬舎：ゴヨウマツ

　③渉渓園：スダジイ

　④本殿楼門：タラヨウ

　以上これらはすぐに見つかるところにあります。

伝統的建造物群保存地区

　上賀茂神社に隣接するこの地域は、1988年に重要伝統的建造物群保存地区に指定されています。この社家町を流れる明神川は小さいながらも滔々と流れ清々しさと力強さのある川です。明神川は社家の各家に流れ込み池を作り、それは禊の水として使われ再び明神川に戻っていきます。社家の家々と一体化した川といえます。京都では、上賀茂のほか産寧坂、祇園新橋、嵯峨鳥居本の4か所が保存地区に指定されています。

　大田神社は、上賀茂神社の境外摂社で、5月のカキツバタが素晴らし

いです。

　深泥池は国の天然記念物に指定されており、池を17mボーリングするとミズゴケやミツガシワの存在がわかり、深泥池の成立が14万年前まで遡れる奇跡の池です。

　植物園北遺跡に、2～3世紀に多くの人が住んでいたらしく、もし賀茂族がここに入ってくるとすると、容易ではなかったのではないでしょうか。入ってくるとするとそれなりの経済・軍事力を持っていたのではないかと思われます。実際、馬を使っていたようで、馬を使う力を持った人々であれば平安京を作った桓武政権は、賀茂氏に配慮を示したと考えられます。

　ランチは京都府立植物園の隣の「IN THE GREEN」でいただきました。

平野神社から大徳寺まで

春
4月

西大路上立売通にある市バス停留所「平野神社前」集合➡平野神社発➡お土居➡紙屋川段丘・花山天皇陵➡今宮神社➡大徳寺
（所要時間3時間）

ねらい

1　平野神社には平安京を造った桓武天皇が連れてきた今来の神さまが祀られています。なぜ今来の神さまをここによんだのか考察します。

2　桜・段丘・お土居・やすらい祭り・利休の金毛閣と歴史がいっぱい詰まったおすすめコースです。

　まずは平野神社を訪れましょう。ここは桜の名所で、その種類の多さにびっくりします。

　さて、桓武天皇はなぜ、渡来人とともにやってきた祭神"いまき"を祀る**平野神社**を平安京に持ってきたのでしょうか。

　いまき＝いまきた＝渡来系の神さまを大切にすることが必要だったと思われます。桓武天皇の母は渡来系で、身分が高くなかったので官位を与えたりして権威付けする必要がありました。桓武天皇即位後、皇太夫人、薨去後に贈皇太后などとしています。

　桓武天皇は、旧仏教勢力をできるだ

平野神社

平野神社　由緒書

お土居

け排して都づくりを行いました。寺は、東寺・西寺しか認めませんでした。

　京都市内には秀吉が作った京都市街を取り囲む土手・**お土居**の一部が丁寧に保存されています。平野神社の近くにもあり、お土居がどんなものか知るのに役立ちます。

花山天皇陵

　京都盆地の西を流れる代表的な川、紙屋川段丘面上にあり、見晴らしがよいところに位置しています。

　花山天皇（968〜1008）は奇異なことをした天皇でした。17歳で即位しますが、即位直前高御座（たかみくら）（即位式を行う玉座）に気に入っている女官を招き入れよからぬことをした（江談抄）、また即位式では、王冠が重くて仕方ないと脱ぎ捨てる（藤原実資、小右記）などと伝えられています。

　当時、実力者の藤原兼家は、息子の道兼に、女御の忯子が17歳で亡くなり悲しんでいる天皇を、出家させるようにいいました。道兼は天皇に「自分も一緒に出家します」と言って、天皇を内裏から連れ出し、元慶寺で落飾させると自分は、「父兼家に事情を説明してくるから」と抜け出し出家はしませんでした。そこで天皇はだまされたと気づくわけです。天皇は、出家後播磨の書写山円教寺や比叡山、熊野などで修行をし、992年に京に戻って、花山院に住みました。

今宮神社

　一条天皇（980〜1011）は当社地の疫神を二基の神輿に乗せて船岡山に安置し慰め、悪疫退散を祈りました。この時、多くの人たちが神輿とともに船岡山に登りました。これが紫野御霊会の始まりです。疫神は、祇園社の祭神と同じ牛頭天王です。人々は綾傘に風流を施し囃子に合わ

せて踊り人形を難波に流しました。これがのちのやすらい祭りにつながります。

　4月10日に行くと平野神社の桜まつり、今宮神社のやすらい祭りが同時に見られます。

　五代将軍徳川綱吉の生母桂昌院は、京都西陣の八百屋に生まれ、「お玉」と呼ばれていました。桂昌院は故郷である西陣の興隆に努めるとともに、産土の社今宮神社の再興にも力を尽くしました。

　今宮神社のやすらい祭り桜と鬼の踊りは、4月10日に行われますが、桜の花が飛び散るころは、悪霊や疫神も同時に飛び散ります。この祭りは鎮花祭の意味を持ち、無病息災を願います。花傘の中に入って悪霊・疫病を追っ払い、神社に封じ込めます。時間に合わせていくと花傘と鬼の踊りが見られます。

　【風流踊】「風流踊（ふりゅうおどり）」（41件）が国連教育科学文化機関ユネスコの無形文化遺産の登録が決定されました（2022年11月30日）。京都では今宮神社のやすらい踊りのほか、六斎念仏踊り、久多の花笠踊りです。

　【あぶり餅】神殿に供えたのが始まり。今宮神社の参道には2軒の店屋があって、一和さんは、創業がなんと平安時代と言われています。また、かざりやさんは、江戸時代と言われています。

大徳寺三門（金毛閣）と利休

　大徳寺は利休と馴染みの寺です。利休は、三門の上層を1589年寄進します。大徳寺は、その謝意を表すために、雪駄を履いた利休の像を三門の上層に置きます。それを知った秀吉は、三門の下を通るものは、利休に踏みつけられることになるとして、利休に切腹を命じます。

　このとき利休は70歳でした。秀吉が切腹を命じた理由としては、秀吉の弟の秀長は利休を慕っていて利休の後ろ盾的な存在でしたが、秀長が

亡くなって、利休の切腹命令を阻止することができなかった、また利休が自分の名声を利用して茶器、茶道具などを高額で売って、資産を蓄え、秀吉の存在を脅かすのではないかと考えた、あるいは秀吉と利休は、当初、うまくいっていたが、派手好きの秀吉とわびを重んじる利休では基本的な考えが違っていたなどがあって、切腹にいたったのではといわれています。本当のところはわかりません。

　それにしても、独裁者は気に入らなければ、すぐに殺すのですね。

　今宮神社と大徳寺に隣接して京都市立紫野高校があります。昭和27年に京都淑女学園の土地を買収して創立したそうです。歴史的建造物の中にある学校で、こんな歴史に恵まれた学校は他にはないように思われます。

N6 義満の北山殿（金閣寺）

2018年9月27日と10月20日

北野白梅町駅集合（交差点の北東角に秦氏が建てた寺の石碑「北野廃寺跡」があります）➡図の大門（佐井通りを蘆山寺〈高橋〉通りまで歩く）➡等持院（足利歴代将軍の等身木像あります）➡立命館大学で休息➡金閣寺へ　所要時間２〜３時間

ねらい　義満は北山殿に110ｍの高塔を建てるなど、北野の地に今までとは違う新たな都市計画とでもいうべき、地域拠点を設けました。そこを実際に歩いてみようというのが今回の企画です。

　金閣寺といえば、足利義満です。室町幕府は大名の集まりで盤石な体制を持てない幕府でしたが、３代将軍義満のころ漸く幕府は安定しました。安定した幕府を持った義満は、今までにない立派な拠点を作ることにしました。それが北山殿（後の金閣寺）です。

大きさ・ひろさ南北〜東西

　南は一条通りで、大門がありました。一条通りと交差する佐井通りを970ｍ（八町分）北へ行くと蘆山路通りにたどり着き惣門があります。この間には柳が植えられていたので、八町柳といいます。義満は日明貿易をしていたので、明の使節がここを通るとき、両側に兵士を並ばせていたと記されています。この惣門から大文字まであたりが北山殿の広さです。南北東西に750ｍくらいはあるから随分広いですね（Ｐ35図参照）。

多様な権威者・実力者の住まい

　義満の妻の南御所、崇賢門院御所、義満の住まいの北御所、その南の四脚門、青蓮院門跡住坊、聖護院道意住坊、北野天満宮別当住坊、醍醐寺三宝院宿坊などがありました。

七重大塔

　義満は白河天皇が岡崎の法勝寺に建てた81mよりも高い、110mの大塔を相国寺に建てました。しかし1403年に落雷焼失。北山殿に再建を試みますが1416年、完成を待たずに再び落雷により焼失しました。この高さがあれば京都市全域から見えたでしょうし、義満の力は周囲に十分示すことができたと考えられます。

西園寺から義満へ

　西園寺公経（1171〜1244）は、承久の乱において、京都側にとらえられましたが、鎌倉幕府が勝利を収めた乱後は、幕府と京都の連絡役（関東申次）となり、幕府の威を背景に大きな力を持ちました。その後西園寺家は関東申次を世襲しますが、鎌倉幕府滅亡後急速に衰えます。そして西園寺家が有していた北山殿を1397年足利義満に譲らざるをえなかったのです。

①金閣寺の今の総門

②総門があった場所に地名が残る

③八丁柳通りの地名が残る

④旧大門址・佐井通り一条から北

0 200m

北御所　　　　　　写真①　　北大路通
金閣　　　七重大塔
　　　　　○？
池　　　　四脚門　　　　　　写真②
南御所○
崇賢門院御所○　　馬場　　　わら天神宮
　　　　　　　　　　　　　高橋
▲衣笠山　　　惣門
　　　　　　　　　高橋通　　　紙屋川
立命館大学　　　佐井通　　　　　　　　千本通
等持院　写真③　八町柳　平野神社　北野天満宮
　　　　　　　　　　　西大路通
龍安寺　等持院　　　　　　　　今出川通
　　　　　　北野白梅町　　　　経王堂
　　　　　大門
写真④　　　　　　　一条通

小林丈広・高木博志・三枝暁子『京都の歴史を歩く』（岩波新書、2016 年）を参照して作成

　佐井通りは、平安京の道祖大路（さいおおじ）にあたります。平安京時代の道路がそのまま使われていることになります。蘆山寺（高橋）通りと佐井通りがクロスするところにあった惣門は、いま、地名として残っています。大門は、佐井通りの一条にあったとされますが、今出川通りの南の大路が一条通りです。この通り（図中の黒線部分）に兵士を並ばせて、明からの使者を迎えたようです。

N7 北野天満宮

2017年2月25日

 2月末
年間

 **まち歩き
コース** 　ＪＲ二条駅集合、市バスで北野天満宮へ➡上七軒歌舞練場➡上七
軒界隈散策➡千本釈迦堂〈所要時間2時間〉

> **ねらい**　2月25日の道真の梅花祭を楽しみます。1000年以上経つ古い神社で見る
> ところも多いです。また、この天満宮の周囲の上七軒などは電柱の地下化
> など景観整備も行われています。周囲を巡ることも目的の一つです。

　北野天満宮というと菅原道真（845
〜903、901年大宰府に左遷、903年
薨去）を祀るということになりますが、
平安京以前にこの地を開発したのは
秦氏で、北野白梅町北東角に、「北
野廃寺跡」の石碑が立っています。
飛鳥時代に秦氏が建てた寺院跡です。
作物の豊作を雷神に祈ったところ、

紙屋川のお土居

効能経験があったので、雷神を祀っています。つまりもともとは、豊作を
願って雷を祀っていたのです。雷は雨とともに来るので、農業にはとても
ありがたい存在なのです。ところが、清涼殿に落雷など不吉なことがあっ
たりして、菅原道真の左遷による、「祟りじゃ」ということになったのです。
　道真命日の2月25日は梅花祭です。梅も満開になり、素晴らしいのです
が、多くの人が出かけ、身動き取れないほどの状況になるときもあります。
　余談ですが、古い寺はほとんど神仏習合で、北野社が造営されたとき、
曼殊院の是算国師が菅原家出身だったので、初代別当職に補され、明治

維新まで900年間曼殊院門主が北野社別当職を歴任しました。

　是算国師は、元々延暦寺西塔の僧侶なので、延暦寺と北野天満宮の関係は深かったわけです。北野天満宮の「北野御霊会」は応仁の乱以降途絶えていましたが、550年ぶりに新型コロナ感染症の終息を願い、北野天満宮神職と延暦寺僧侶により、2020年9月4日執り行われました。

　9月4日は、北野祭の日です。北野天満宮で最も大切なお祭りです。かつては天皇の勅使が派遣される勅祭でした。また、北野社もかつては延暦寺の支配下にありましたので、祇園祭同様、延暦寺と結びつきが強い日吉社の祭りができないときは、北野社の祭りもできませんでした。延暦寺の力は強力で、室町時代においても、鎌倉時代から続いていた北野社の酒麹造り・販売の独占を覆したりしています。

 ## 延暦寺・室町幕府・北野社・酒屋酒麹造り屋の関係について

　北野社は、酒麹製造販売の同業組合の北野麹座を作り、製造販売の独占権を持っていました。独占権を持つということは、それを保護してくれるものが必要となります。それが室町幕府です。ところが資本力がある酒屋（この頃土倉という質屋、金融業兼務で力があり、酒造りを行ったりしていた）など酒造り全体が急成長し始め、酒麹造りも始めたのです。そこで、北野麹座は、幕府から麹の製造販売のより強力な一切の権利を獲得し、京都の酒蔵が酒麹を造ることを禁じます。

　ところが延暦寺は北野社の酒麹造り座の独占に抗議をします。京都の町の酒・酒麹造りをしている人たちは、延暦寺の僧侶で京都に住んでいる人たちが多かったのです。幕府はこの時は折れて、北野麹座の独占権を廃止しています（文安の麹騒動1444年）。

　酒麹造りの独占と緩和については、幕府と延暦寺の対立は続きますが、次第に酒を造る人たちの力が強くなり、独占や規制ができなくなっていきます。このように、延暦寺・室町幕府・北野社・酒屋酒麹造り屋は支配したり、されたり協力したりします。

上七軒は、1444 年に北野社殿の一部が焼失し、修復の残材を用いて茶店を七軒建てられたことに始まります。1587 年豊臣秀吉が北野大茶会を催した折、休憩所となった茶屋で御手洗団子を献上したところ太閤にいたく気に入られ茶屋の特権が与えられたのが原点となり門前町として発展してきました。

　上七軒通の周辺は、西陣織物業の集中する歴史の深い市街地で、その関連業も含む同業者町が形成され、職・住が共存したまち並みになっています。

　西陣織物産業は、一時京都の花形産業で京都経済の牽引的役割を果たしました。しかし出荷金額も後継者も減り続けています。そんな中でも伝統的なものと現代的なものが調和した商品が多数考案され、今後に向けて進化している面もあります。また、今後の西陣織物業継承に必要なこととして、観光と学校教育の場を雇用機会に生かすというシステムを構築できるかどうかが一番大切です。

　今出川の堀川に西陣会館があります。反物の制作・展示・販売のほか着物のショーを行っています。見ごたえのある着物ショーですのでお勧めします。

　京都市では、上七軒通、七本松通、五辻通など、通りごとに町の機能や性格、そして景観については、電線類地中化、石畳風アスファルト舗装、LED デザイン照明灯設置などの景観整備事業を平成 25 年（2013 年）3 月に完成させ、電柱・電線のない歩きやすく、見て楽しいまち並みに整備されています（京都市、道路環境整備課案内）。

櫟谷七野神社

2018年3月29日

まち歩きコース　京都市地下鉄の鞍馬口駅発➡上御霊前通を西へ進む➡
妙覚寺・妙顕寺、小川通（おがわ）、裏千家今日庵・表千家不審庵・宝鏡寺、
禅昌院町の地名など➡堀川通から西数百m 櫟谷七野神社（いちいだにななのじんじゃ）➡雲林院
（所要時間2〜3時間）

ねらい　中世そのままの地名を探したり、タイムスリップしたような雰囲気の建物
を味わいます。潔斎場となった七野神社と旧内裏地との距離感などを感じ
たいと思います。

　鞍馬口駅を出発し上御霊前通りを西へ進みます。妙覚寺、妙顕寺の前
を通り小川通に出ます。茶道の拠点とされるこの辺りには裏千家今日庵、
表千家不審庵があります。人形寺として有名な宝鏡寺を通過し、堀川通
へ向かいます。途中、禅昌院町など中
世から使われている地名を探してみま
しょう。妙覚寺、妙顕寺、宝鏡寺につ
いてはＰ193「洛中洛外図を歩く」　を
参照してください。

禊と祓い　賀茂斎院

　堀川通から西へ数百m進むと**櫟谷七
野神社**に到着します。境内には賀茂斎
院跡という石碑が建っています。

　上賀茂・下鴨に奉仕する皇女を斎院
といいます。斎院に対して、伊勢に奉

櫟谷七野神社

賀茂斎院跡の石碑

仕する皇女は斎宮と言います。斎院は、京都にあったので、斎宮より身近に感じていたみたいです。斎院は鴨川で禊を済ませた後、一旦内裏に入り、その後櫟谷七野神社に来られたようです。私たちは鞍馬口から歩きましたが、鴨川から櫟谷七野神社までは倍くらいの距離だと思います。

　この潔斎の場で皇女はひたすら静かにしていたかというとそんなことはありません。皇女を中心に歌会サロンなどを催していたみたいです。この地区は、内裏からも近く、貴族たちは歌会などをするのに適当な場所だったようです。

　紫式部はここから数百m離れた、**雲林院**に生まれたといわれています。

　櫟谷七野は現代感覚からすると四条河原町や四条烏丸と比べると不便と感じてしまいますが、平安京の内裏からは北にあって、ほど良い距離にあったように思えます。

上御霊神社に見る鉾の源流

5月18日限定

2016年5月18日

まち歩きコース　地下鉄鞍馬口駅➡5月18日12：30上御霊神社の神輿や鉾の行列➡14：00～15：00京都御苑で差上げ（所要時間：3時間くらい）

ねらい
1　御霊会について考えます。
2　鉾を見学します。
3　京都御苑での神輿の差し上げを見ます。

　まず**御霊会**から考えます。御霊会とは、奈良から平安京の新しい時代を築くにあたって非業の死を遂げた人たちの霊を慰めたことから始まります。奈良・平安の時代においては不順な天候や疫病あるいは突然の死者が出ると人間の力では理解・解決できないことは、祟りなど人間の力を超えた存在だとし、それを慰撫して乗り切ろうとしました。その祟りの人たちを慰撫して祀った神社の一つが上御霊神社なのです。

　御霊会の考え方からすると、祇園神社も同じような考え方の神社です。平安京造りに際して非業の死を遂げた人たちを祀るのは同じです。ただ、祇園祭は少し変化していて、疫病をまき散らすと考えられてきた力の強い牛頭天王（素戔嗚尊）を排除するより、むしろ崇め奉ってその力で疫病を退散させようとし

御霊祭（写真：上西三郎）

上杉本洛中洛外図屏風（米沢市上杉博物館所蔵）

てきました。**祇園祭の山鉾**は室町時代の南北朝時代以降次第に大きくなります。豪華な衣装・懸物・大きく響く鐘太鼓によって疫神を鉾におびき寄せようとしました。祇園祭の飾り織物は世界の最先端を行く豪華なものがつけられるようになり、鉾には車をつけ曳くような形にしました。その大きな鉾が洛中洛外図にも書かれています。

上御霊神社の鉾は**剣鉾**といって、竿の先に剣がつけられ、高々と持ち上げるものです。神輿の前を進み、露祓いをする形になっています。私たちは鉾という音から、鉾が竿から次第に祇園祭の鉾に変化したと単純に思っていましたが、そうでないかもしれません。本多健一氏は、剣鉾と山鉾は、別物で、剣鉾は、山鉾の露払いの役割を果たすものとしています（本多健一『京都の神社と祭り』中公新書、2015年）。

御苑に入る神輿

上御霊神社の神輿は、御所に入ってからの差し上げがものすごい、と聞いていたので5月18日の御霊祭・渡御之儀を見に御苑に向かいました。それは単に神輿を担いて歩くだけでなく、掛け声とともに、神輿を上に差し上げるのです。それが何回となく行われました。普通に神輿を担いだだけでも、神輿にあたった肩のところは皮がむけるといわれるぐらいすごいのに、その迫力に感嘆しました。なぜ御所に入って差し上げをするのでしょうか。

京都御苑で見られる神輿の差し上げ（写真：上西三郎）

　1331年北朝初代天皇光厳天皇の里内裏が土御門・東洞院殿に定められ、永い間御所として定着しました。ここは上御霊神社の氏子区域であり、上御霊神社が御所の氏神となり神輿は御所の北門より参内し、天皇が見物するということになったようです。

いつ行けば見られる？

日程は5月の中旬（2022年の場合5月1日〜18日）

5月1日：神幸祭（社頭之儀）11：30〜　神幸祭

5月18日：還幸祭（渡御之儀）12：30　神輿渡御

　　　　　　　　　　　14：00〜15：00　京都御苑巡行

第2章

旧洛中域
（C地域）

聚楽第跡

2014年3月5日　NHK文化センターの京都教室を出発

堀川今出川発➡問題❶「大名配置図を完成させる」（聚楽第周辺を歩く）➡問題❷「聚楽第に隣接していた町など」図のケ→キ→ウ→イ→ア→エ→オ→カ→クを歩いてください➡西陣会館（所要時間３時間くらい）：問題❷から始めても結構です

ねらい　２年で造り７年後に破却された聚楽第がどのようなものだったのか、大きさや大名配置の概略を知りたいと思います。

　それでは、出発しましょう。聚楽第は取り壊され資料もほとんど残っていませんでしたが、近年、聚楽第周辺の濠の様子や大名配置など少しずつその姿がわかってきました。

　聚楽第の様子を考えてみましょう。

問題❶聚楽第の大名配置図

　秀吉は聚楽第（1587年に完成、７年後破却）を建て、大名屋敷を聚楽第の周囲に配置しました。ところが聚楽第の資料は乏しく、どこに配置されたかよくわかっていません。あなたが秀吉なら①から⑦の大名を地図上のＡ～Ｇのどこに配置しますか？　推理してみてください。

※聚楽第への橋は、東が正門、西、南にそれぞれ設けられています。

①徳川家康（1542～1616）江戸幕府初代征夷大将軍になる最大の実力者、秀吉は、尊重しつつも一線を画した。

②黒田官兵衛＝孝高、如水（1546～1604）秀吉の参謀、竹中半兵衛と双璧、秀吉の近親者ではないが、聚楽第に近いところに屋敷をもらっている。これはすごいことで、それほど大きい屋敷ではないと思われる。

③前田利家（1538～1599）若くして秀吉とともに、信長に仕える。「槍

の又左」と呼ばれ、秀吉の信頼篤く豊臣政権の5大老の一人。秀吉の死後、家臣武断派と文治派に分かれて対立したが、利家は仲介に乗り出した。また、徳川氏をけん制できる唯一の人でもあった。秀吉死後翌年没している。聚楽第の割合近いところにいたと思われる。

④**千利休**（1522～1591）堺の商家に生まれ、信長の茶頭として雇用された。信長が暗殺されて以降は秀吉に仕え、大きな力を持つ。特別な存在ではあったが近親者でもなく、門近くに置くほどの存在でもない。1585年「利休」という勅賜を受けている。正親町天皇から、参内できるようもらった居士号。1591年切腹。

⑤**豊臣秀長**（1540～1591）秀吉と父違いの兄弟、秀吉のもっとも信頼厚かった人物。大和、紀伊、和泉の3か国110万石の大名、聚楽第のもっとも大切な場所に屋敷を持っていたのではないか。病死。吉野町を探してみよう。

⑥**加藤清正**（1561～1611）秀吉と遠縁で長浜時代から仕えている。賤ケ岳七本槍・七将の一人、朝鮮の役では虎退治で有名。聚楽第の近辺というより、大名、武家屋敷の抑えの位置に。豊臣方の前田利家が亡くなると石田三成と対立し、家康に接近した。

⑦**豊臣秀次**（1568～1595）母は秀吉の姉日秀尼、1585年四国征伐などの功で羽柴を称し、43万石となり、近江八幡に城を築いた。1592年には秀吉より関白、聚楽第を譲られている。1593年秀頼が誕生し、秀吉とは不仲となり、1595年高野山に追放され自殺に追い込まれている。

問題❶大名配置図　解答欄

※解答は P52 をご覧下さい。

A		E	
B		F	
C		G	
D			

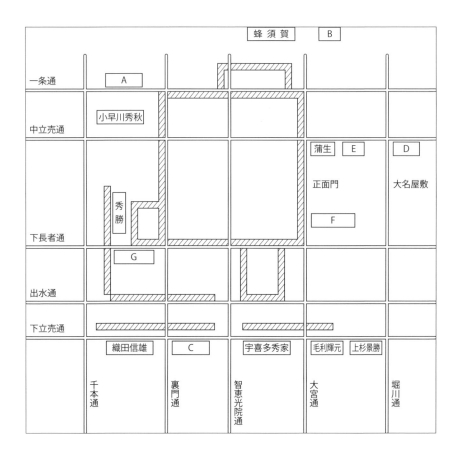

資料は、京都考古資料館の聚楽第と周辺ガイドブック、国立国会図書館デジタルコレクション『聚楽第古城之図』を参考にしています。配置図も決定ではありません。

問題❷聚楽第に隣接していた町など

※解答はP52をご覧下さい。

　秀吉は、京都に政治の拠点を作ろうと平安宮跡に聚楽第を作りました。1586年から1587年のわずか１年半の間のことです。ここで政務をとり、1588年には早速、後陽成天皇を迎えて饗応しています。

　1591年には、秀吉は関白職を甥の秀次に譲ります。聚楽第も秀次の邸宅になります。ところが淀殿に子供ができて情勢が変化し、秀次を謀反人として、自殺に追い込みます。

　聚楽第は、秀次の邸宅だったので、徹底して破却します。そのため、どのような建物だったのかほとんど資料が残されていません。しかし関係者の努力で次第にその概要が明らかになってきました。

　今までに判明してきた下記の①〜⑩の情報をもとにして、P51の聚楽第周辺の地図を作りたいと思います。まず、①②をヒントに本丸を四角で囲みます。次にア〜ケの屋敷跡あるいは聚楽第構造物跡には、石碑が立っています。何と書いてあるか、読み取ってください。

①聚楽第の本丸は、東西南北４つの通りに囲まれたところです。北は、一条通りから南は**下長者**通りまでです。東西の通りは、一条から順に中立売・上長者・下長者となります。

②南北通りは、**西端の裏門**通り、智恵光院通り、日暮通り、松原通り、**東端の大宮**通り。

③本丸東堀の位置には大宮中立売通り（ア）の所に「聚楽第○堀跡」の碑が立っています。

④正親町小学校角地裏門中立売通り（イ）には「この付近聚楽第○○○堀跡」の碑あり。

⑤大宮下長者町通りにある○○の井（ウ）は、古くから秀吉の茶の湯に愛用した名水として有名です。ところが、調査によって○○の井の位置が堀の中と判明しました。

⑥ＮＨＫの大河ドラマの主人公にもなった黒田官兵衛の屋敷跡地（エ）

町を訪ねてみましょう。官兵衛の号から、○○町となっています。一条通り猪熊通りを探して下さい。

⑦浅野長政は秀吉の義妹婿で、5奉行筆頭。屋敷跡（オ）は「○○」町にあります。浅野長政と浅野弾正とは同じ人物です。弾正とは、長政の官職名です。

⑧秀吉の茶頭を務め、侘茶の大成者と知られる「○○○」の屋敷跡（カ）は記録によると、「葭屋町通り元誓願寺下がる通り」とありますが、時代が合わないところからもう一つ西ではないかと言われています。猪熊通り横神明通り。

⑨豊臣秀長は秀吉の弟で、秀吉から最も信頼の篤かった武将。秀長の屋敷（キ）は本丸に近かった。町名は、○○町（出水黒門通り）といい、これは景勝の地である○○を含む大和が秀長の領国であったことからきています。

⑩「一条（ク）橋」は、千利休の首がさらされた橋です。

その他、徳川家康は聚楽第の屋敷（ケ）を破却せずに私邸として持っていたようです。

浅野長政の屋敷跡と思われますが、上杉弾正少弼景勝に因んだ町名かもしれません

問題❷聚楽第に隣接していた町など（聚楽第周辺の地図）

道順例➡ケ→キ→ウ→イ→ア→エ→オ→カ→ク

〈読み解くヒント（50音順）〉・千利休　・弾正町　・梅雨の井　・如水町　・東堀跡　・本丸西　・戻り橋　・吉野町

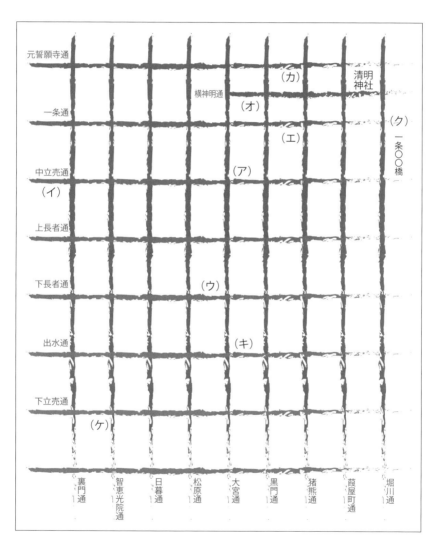

問題❶解答

A 前田利家
B 千利休
C 徳川家康
D 加藤清正
E 黒田孝高
F 豊臣秀長
G 豊臣秀次

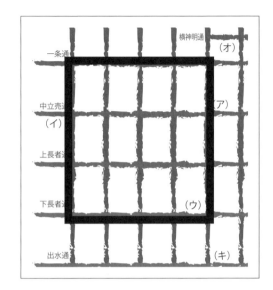

問題❷解答

①と②は右上地図参照

③聚楽第**東**堀跡

④この付近聚楽第**本丸西**堀跡

⑤**梅雨の井**

⑥**如水**町

⑦**弾正**町

⑧**千利休**

⑨**吉野**町

⑩**一条戻り橋**

その他（ケ）「**徳川家康**」

復元された平安京を創生館で見て

2016年1月27日

まち歩き コース
JR円町駅発➡平安京創生館➡丸太町通り・豊楽殿➡朝堂院・大
極殿➡春日小路（現丸太町通り）と交差する千本通り（朱雀大路）
を南下➡朱雀門跡➡算堂院跡など（所要時間2時間ぐらい）

ねらい
創生館に作られた平安京模型から平安京の構造（右京の衰退等）の一端を
理解する。

　丸太町の七本松通りに設けられた京都市生涯学習センターには、「**京
都市平安京創生館**」があります。平安京ゆかりの地・造酒司（みきのつかさ）跡に建ち、
京都アスニーの1階にある展示施設です。常設展示では、現在の京都の
礎ともなった平安京が一望できる「**平安京復元模型　縮尺1/1000（東**

南西から望む平安京　京都アスニーにて

西4.5km 南北5.2km）」や発掘調査で出土した遺物や復元品などで紹介する「平安京のくらしと文化」のコーナーがあります。実際に平安装束や平安貴族の遊びを体験することもできます。

　復元された平安京の概略を説明します。平安京は、朱雀大路の西側（右京）には人が住まず、というより桂川の氾濫原で湿地が多く住居に適さず、東側（左京）に住むようになります。日本の都市は下水機能が不十分で汚物が堆積し、洪水時においては汚物が拡散し、不衛生で疫病が流行れば止めることはできませんでした。都市の構造上の欠陥が自然災害によって増幅されてしまうことになったのです。貴族たちは、鴨川を越えて、岡崎の方へどんどん東へ住みだしたようです。そのあたりを京都盆地の構造などで考えました。

　天皇の住まい、役所、貴族の通う学校など、平安京の機能について学びました。

　ここの最大の展示品は、先にあげた「**平安京復元模型**」と、白河上皇が建てた、法勝寺（京都動物園の位置）の**八角九重塔の模型**です。高さが81mで、東寺の塔54.8mよりはるかに高い塔です。

　京都観光が初めての方は、最初に、「平安京創生館」を訪ねるといいと思います。復元模型は、こまごましたところまでよくできています。平安京の復元模型を見た後、現地に行かれると、全体像を頭に置きなが

この塔は、白河天皇の御願寺で、京都市動物園のところにあった法勝寺の一角にありました。八角九重の塔で、55mの東寺よりも高く、80m以上あったといわれています。
京都市平安京創生館 "法勝寺の八重九重の塔模型" です。

ら、各地の趣を理解することができるのではないでしょうか。

　では、これから、平安京にあった諸施設の跡を見に行きましょう。

　丸太町通りを東に向かいます。七本松通りで右（南）に折れ一つ筋目を左（東）に行くと、豊楽院・豊楽殿跡があります。朝廷が行う新嘗祭、大嘗祭、正月慶賀、節会の饗宴が行われた場所です。

　この場所から数分のところに、千本（旧朱雀大路）と丸太町通りの交差点があります。交差点の北西に、朝堂院の大極殿がありました。豊楽院と朝堂院は並んでいましたので、歩いても数分の距離で、ごく近い距離にあることを実感しました。

　ところで、丸太町通りは、旧春日小路ですが、沿道に材木屋が多くあったので、丸太町通りと呼ばれるようになりました（江戸時代の地誌『京雀』より）。千本通りは、醍醐天皇のため卒塔婆を千本立てたことからきています（江戸時代の地誌『山州名跡志』より）。この交差点から南に行くと、二条通りに差し掛かりますが、ここに平安宮の朱雀門が設けられていました。朱雀大路（現千本通り）の東には、歴史・文学を学ぶ都堂院、数学を学ぶ算堂院、法律を学ぶ明法堂院などが並んでいました。現在この千本通りの西側には、立命館大学と龍谷大学の建物が最近建てられました。立地の理由は異なりますが、同じような場所に、学問の府が建てられているのは面白いですね。

御所の変遷と仙洞御所

2018年7月27日

年間

京都大宮御所前集合➡ランチ➡閑院の宮跡➡仙洞御所➡京都迎賓館

1 仙洞御所が最も御所らしい雰囲気があるので、ここを拝観します。
2 閑院の宮跡には御所の歴史のパネルが展示されています、ここもお勧めです。
3 京都迎賓館では和風建築最高のものが見られますのでお勧めです。

　京都御所は、近年事前の予約なしに入れるようになりました。今回は、当日割り当てがある仙洞御所を訪れることにしましょう。受付は大宮御所（仙洞御所と大宮御所は一つの区域にあります。京御苑の南西）の出入り口で午前11時から先着順に参観時間を指定した整理券が配布され満員になり次第終了になります。整理券受け取りと参観の際、本人確認できるものを呈示しなければなりません。18歳以上、4人まで受付できます。ただし、代理は受付できません。

　私たちは、午後1時の参観でしたので、その時間を利用して、食事と閑院宮跡へ行きました。京都御所に行ってもいいと思います。食事は、御苑の中にも烏丸通りの西にもあります。

　現在の京都御所の起源は南北朝時代、北朝初代光厳天皇が里内裏として使ったところです。土御門東洞院内裏が500年以上御所として使われています。里内裏の周囲には、町家、寺院、公家が混在していました。信長が入京したときは、御所で馬揃い・軍事パレードを行っているので、そのころは、まだ整備されていませんでした。その後、信長は計画的に

公家邸宅建設を行い始めました。

　江戸時代、町家・公卿屋敷が混在していた時代、「桧垣茶屋」が立ち、町民らは茶屋で酒肴を味わい、参内する公家の異形の行装を楽しみました。金を払えば、御所で天皇即位式や行事見物もできました。江戸前期の明正天皇即位式の屏風は、酒を酌み交わす人々や、おおらかに胸をはだけて授乳する女性が描かれています（高木博志氏2016年京都新聞）。

京都御苑

　明治天皇が東京に移られて一時御所は荒れましたが、1880年代修復整備され国家的式典を行う機能を持たせるようにしました。町民らは、御苑から締め出されました。現在は、いわゆる京都御所、大宮御所・仙洞御所、京都迎賓館、閑院宮跡があります。これらすべてを含んで、京都御苑と呼び、環境省が管轄しています。御所・迎賓館などは、皇宮警察が警護にあたっています。

　仙洞御所とは退位した天皇（上皇）のための御所で、**大宮御所**とは上皇

平たい小石を一面に敷きつめた南池の洲浜

京都御所の大木

の后の御所を指します。京都御所に隣接する現在の場所に定まったのは、
1630年、後水尾上皇とその后の東福門院のために造営された時に遡ります。

　仙洞御所・大宮御所は、1854年に火災で主要な建物が焼失し、仙洞御
所の建物は再建されないまま現在に至りますが、大宮御所は1867年に整
備され、現在でも天皇皇后が京都に来られた際の宿泊所として用いられ
ています。

　仙洞御所の庭園には北池、南池と２つの茶屋があります。苑路は北池
を回って、北池と南池の間に架かる土橋を渡り、南池に出ると、平たい
小石を一面に敷きつめた**洲浜**が目の前に広がります。丸石が敷かれたこ
の浜はとてもきれいです。

　仙洞御所は自然が豊かで、広くて、どっしりしています。夏でも涼し

げです。当日でも拝観できる枠があるので、ぜひ拝観されるのをお勧め
いたします。

高御座と御帳台

　高御座は天皇即位式に使われます。皇后には、御帳台が用意されます。
京都御所の紫宸殿に行くと拝観できます。特別なものなので、荘厳さに
感動しました。

　旧閑院宮家邸は1710（宝永7）年東山天皇の皇子直人親王を始祖とし
て創立、明治2年の東京遷都に伴い移管。現在は、環境省の所管になっ
ています。自由に入ることができ、御苑の自然・歴史について展示がな
されています。町民・公家が混住していた図もあります。綺麗に整備さ
れていますので、ぜひご覧ください。

　京都迎賓館は訪れた時は自由参観方式で参観できたのですが、2023年
2月現在は少人数のガイドツアー形式のみとなっています。ガイドツ
アーの日程など詳細は内閣府のホームページなどでご確認ください。

・公開時間：9時半から17時

・入館できる方：中学生以上　　・参観料大人2000円

　京都御苑は、総面積92ha のうち環境省が65ha 管理しています。京都
御所や仙洞御所などは、宮内庁が管理しています。樹木は、約5万本
あります。

　京都御苑の周りには、九門と五
口があります。烏丸通りには、乾
御門・中立売御門・蛤御門・下立
売御門の4つの御門があり、出水
口と椹木口の2つの口があります。

京都御苑の下立売御門

島 原

2016年6月16日

まち歩きコース ＪＲ丹波口駅集合➡島原「角屋もてなしの文化美術館」➡京都リサーチパークＫＲＰガスビル「平安貴族の暮らしと文化展示室」➡ランチ「ウナギ：舞坂本店」（所要時間２時間ぐらい　追加メニューとして横にある中卸売市場を見学することも可能です。）

ねらい 島原は遊郭というより、文化的側面を持つ遊興の場と知られていますが、それはどんなところだったのか拝観します。

　ＪＲ丹波口駅は京都駅から近くにあり便利なところですが、今まで単線でなんとなくイメージとして市の中心部から遠く感じられていました。また、江戸時代はどうであったかと考えますと、汽車も車もない時代、唯一舟を使う時代には、淀川・桂川・鴨川を使って、淀や他の津から行くところとして、それほど不便ではなかったのではないでしょうか。平安時代海外から客を迎える館を鴻臚館と言いましたが、それはちょうど島原にありました。船を主な交通手段とする時代には、ここは外からの客を迎える場所として適していたように思われます。

　ただ、平安京は、今の千本通りが朱雀大通りで、中心の大極殿は、千本の丸太町にありましたから、今の中心地四条烏丸や、四条河原町・御池河原町より随分西にありました。

角屋の外景。木造としては、かなり大きい建物
（写真：上西三郎）

そして、江戸時代も寺町通り付近、木屋町通りには、各藩の藩邸が並んでいましたので、南北の中心線は、それほどはっきりしませんが、東洞院・寺町通りあたりが基軸になっていたように思われます。そこから島原に行くには、時間がかかったかもしれません。

京都の花街は、六条柳町（東本願寺の北）にあって、「六条三筋町」と呼ばれて繁盛していましたが、風紀を乱すといまの島原に移転させられました。

島原に唯一残る揚屋建築の国指定重要文化財「角屋」さんの資料によると、島原は、遊宴の場である「揚屋」と揚屋に太夫や芸妓を派遣する「置屋」からなる分業制をとっていました。揚屋は江戸吉原では消滅しましたが、島原や大阪新町では、大座敷や広庭、茶席を設け庫裏と同等の台所を備えたところになります。

私たちは、"角屋もてなしの文化美術館"に見学に行きました。かなり古くなっていましたが、黒光りして、煤でかつての黄金の輝きは少なかったかもしれませんが、螺鈿の輝きは歴史を感じさせるもので、参加した人たちも感動していました。室内が真っ黒に煤けている理由は、たくさんの蠟燭を灯すので、油膜で煤けていきました。

角屋の玄関

一階の広間（写真：上西三郎）

島原の特色の一つは、単に遊宴にとどまらず、文芸、とりわけ、俳諧は与謝蕪村の親友炭大祇（すみたいぎ）が島原に住み込み、俳壇が形成されるほどになったことです（公益財団法人　角屋保存会　蕪村と島原俳壇展のちらしより）。

整った庭の「臥龍の松」

吉原と島原の違いについて

　吉原には、俳壇や歌壇はなく、歓楽専門の町でした。島原は、先ほども触れたように大座敷や広庭、茶席を設け歌舞音曲の遊宴を楽しませました。吉原は、格子を設けて、閉じこめようとしました。島原は、京都町家の格子がしてあるだけでした。吉原は、火事が21回も起きていますが、島原は、一度の火事だけです。このことからも両者の違いがわかります。

　この近くの京都リサーチパークの「平安貴族の暮らしと文化展示室」では建設時に大ガス会社の敷地から発掘された寝殿つくり成立前夜の**貴族邸宅の復元模型**を見ることができました。ここは事前にお願いしておけば、気さくに見せてくれます。

京都駅と西本願寺

C5

2016年12月14日と15日

年間

まち歩きコース

京都駅の歴史・立地条件について、構内めぐり➡ランチ「市場小路」
➡新選組不動堂村屯所址➡西本願寺境内　御影堂・阿弥陀堂➡和
菓子店 "亀屋陸奥"（所要時間：ランチを含めて3時間くらい）

ねらい

1　京都駅をつぶさに見てまわります（地上高45m長さ147mの空中経路
　　と呼ばれる「遊歩道」があります）。
2　日本最大の宗派である西本願寺の国宝を見ます。また一風変わった和菓子の秘密
　　に迫る亀屋陸奥店の "松風" など。

京都駅の歴史・立地条件

　江戸時代が終わって、新しい時代がやってきて、どこに駅を置くのか
いろいろの案があった中で、京都駅が今の場所に置かれたのはなぜで
しょうか。江戸と京都を結んだ東海道の終点という意味からすると三条、
例えば、京阪三条駅あたりが、九条山から蹴上に入ってくるといかにも、

京都駅屋上、伊勢丹から見た西山

京都に入るというイメージにかなうのかなと思います。白河天皇は、今の動物園あたりに巨大な塔を建てましたが、当時の京都のランドマークの位置としては、的を射ていたといえるでしょう。

　ところが、利便性や機能性からいうと、今の京都駅は妥当な位置だといえます。ＪＲ大津駅とＪＲ大阪駅を直線で結ぶと三条より南の位置、更に南の方が東西の利便性がいいと思われます。

　古代・中世と、東西の交通を考えるとき、山科が重視されました。大津京から、奈良に向かうには、山科を通っていきました。京都盆地を通る必要はないからです。

　高さ45mの空中遊歩道・屋上など駅の構内を巡るのも面白いですよ。

新選組不動堂村屯所址：壬生→西本願寺→不動堂村

　新選組は当初壬生寺一帯にいたようですが、人数が増えて西本願寺に移動してきたようです。ところが、西本願寺は迷惑に思っていたようです。新選組はそんなことにお構いなく、軍事訓練を行い、大砲まで、試射するに及んで、両者は対立し出ていくことになったようです。京都駅前（オムロンの西）に、不動尊がありますが、そのあたりに村があったようです。

　次に、**西本願寺**（真宗本願寺派の信者数は全国１です。規模

西本願寺・御影堂（国宝）：1636年再建、高さ29m、親鸞の木像が安置されています

西本願寺・阿弥陀堂（国宝）：1760年再建、高さ25m、阿弥陀如来を祀っている

西本願寺唐門

が大きくて、立派という感じです）に行きました。西本願寺でお参りした後、由緒ある和菓子「松風」売っている店を探しました。堀川を挟んですぐ向かい側でわかりました。"亀屋陸奥"というお店です。昔は、西本願寺境内で売っていたのですが、今は、ここで売っています。西本願寺の七条の堀川まで歩いて10分ほどです。

　洛中洛外屏風図の研究者、瀬田勝哉氏は、"亀屋陸奥"店の創業時期に疑問を持たれました。

　まず、創業についてです。1570年大坂の石山本願寺と信長は、11年に及ぶ戦いをしますが、信長に食料を断たれた時、亀屋三代目の大塚治右衛門春近が和菓子"松風"を創製して、本願寺の顕如上人に献上。これが門徒の貴重な食料になりました。

　その後、信長と和を結んだ顕如上人は、この菓子に、「松風」の銘を贈り、以来亀屋陸奥は代々西本願寺境内にあってこれを納め、本山から門末に下付される銘菓として今日に伝わっています。

　これで西本願寺前に約600年も亀屋陸奥が店を構えていることがわかりました。しかし、瀬田さんが興味を持ったのは、もう一つあったのです。菓子箱に由緒書きが付いているのですが、

和菓子屋　亀屋陸奥本店

そこに、創業年が応永28年（1421年）となっているのです。信長が石山本願寺攻めをしたのが1570年で、菓子を持ってきたのが三代目とすると、一代30年として90年しかならず、多く見積もっても100年しかならず、1421年にはならない、創業年は信憑性が薄いと。さらに、1421年には、１月と２月の２か月間に餓死者が８万２千人出ている。こんな時に食べ物を創業したのは信じられない。ただ松風にはケシの実をまぶしてある。ケシの実は、鎮咳、鎮痛、下痢止めに用いる漢方薬の効果があるので、それを重視したのであろうと結論付けておられます（瀬田勝哉『増補洛中洛外の群像』平凡社ライブラリー、Ｐ501、2009年）。

C6 終い弘法　東寺と西高瀬川

2014年12月21日

12月限定

まち歩きコース　西大路駅➡西高瀬川➡西寺跡➡羅城門跡（南に鳥羽作道が延びていた）➡東寺➡

ねらい　毎月21日は弘法さんの月命日です。12月21日に東寺で開催される一年最後の野外市場 "終い弘法" を見ます。

西高瀬川

　保津川が開削されてから、丹波の材木は嵐山まで筏で運ばれ、そのあと陸で運んでいたのですが、船で運ぶことができるのではないかということで、1863年渡月橋の上流から千本三条まで、運河が開削されました。その後、京都府に引き継がれ、鴨川まで延長されました。それによって今の JR 二条駅の西には、多くの材木を扱う店がありました。いまでも千本通り三条界隈には数件の材木店が残っています。

　また、度々の水害と1935年（昭和10年）の大水害を契機に、天井川だった天神川と御室川を合流させ、西高瀬川の水を天神川に流すことにしたので、西高瀬川には今までのように、水は流れなくなりました。西大路駅横で見られる西高瀬川には、水はほとんどありませんでした。

　続いて**西寺跡**を尋ねます。平安京には、原則寺院は設けないとのことで、わずかに、羅城門の近くに、東寺と西寺の２つだけが設けられまし

西寺跡は公園になっています

た。西寺は1233年に塔が焼けて荒廃しその後なくなりますが、現在は公園の中に西寺跡として残っています。西寺跡は、今でも松尾神社祭の帰りの際（還幸祭）に、神輿が集まる場所になっています。

東寺・南大門

東寺

　東寺は、796年に建てられました（一部のみ）。空海は、中国の密教第一人者の恵果から体得して唐から帰国します。日本では嵯峨天皇と兄の平城上皇とが対立し、810年に薬子の乱が起きます。その時東寺境内で祈願所を置き戦勝祈願を行い、嵯峨天皇を勝利に導きます。823年には、嵯峨天皇に信頼が篤い空海は、東寺を下賜されます。空海は、東寺を「密教の弟子に伝法する道場」とします。

　顕教と違って密教は、修法の仕方を明らかにしません。弟子に直接伝法するものなので、何かいい方法はないものかと考え、独自に、「密教の世界を立体曼荼羅」で表しました。

弘法さん

　東寺では空海の月命日である21日に毎月野外市（弘法さん）が行われていますが、12月21日は一年の終わりの市で、正月物を求めて身動きが取れないほどたくさんの人たちが出かけます。

　今回は忘年会を兼ねたランチをホテルグランヴィア京都15階のレストランでいただきました。京都の南一帯の展望が開けており、近くの伏見桃山、目を凝らすと遠くにあべのハルカスも見えます。

C7 元祇園梛神社

2014年6月23日　NHK文化センター京都

阪急四条大宮駅➡元祇園（梛神社）・隼神社➡新選組（八木・前川・壬生寺）➡千本通り（四条から三条通り）を北上・材木店➡三条黒門の御供社➡旧本能寺跡➡釜座町・百足屋町➡大政所

ねらい　「祇園から離れた元祇園がなぜここに」を考えます。御供社も祇園の神輿がここに寄ってから帰りますが、そのなぜにも迫ります。

　今回は、京都の中心部を東西に走る四条通りの西、四条の千本に行きます。西と言いましたが、平安時代にはここが真ん中、平安京の入口羅城門から平安宮まで、幅80mの大通りが通っていました。ところが皆さんもよくご存じのように、右京はすたれて人が住まなくなり、左京に移り住むようになりました。千本通りは、どちらかというと京都の西になりました。でも一応洛中です。

祇園祭の源流を探る

　まず**元祇園梛神社・隼神社**を訪れましょう。ここは二つの本殿が横に並ぶ珍しい神社です。

　元祇園（梛神社）は伝によると、876年京での疫病流行により、播磨の国・広峰から牛頭天王（スサノオノミコト）を勧請して鎮疫祭を行った際、牛頭天王の分霊を乗せた神輿を梛の林の中において、祈ったのが創始といいます。

　その後、牛頭天王の神霊を八坂に祀って祇園社（現八坂神社）を創建する際、梛木の住民が花飾りの風流傘を立てて鉾をふって楽を奏しながら、神輿を八坂に送りました。これが祇園会の起源です。そこで、元祇

園社と呼ばれるようになりました。

　元祇園がなぜここにあるのか。推論として御供社がわずか約750mのところにあり、何らかの影響があったのではないかと推論します。本当のところはわかりません。祇園祭は、当時から氏子領域のごく限られた祭りというより、疫病で苦しむ人々が何とかしたいとして、神に祈ったのでしょう。

新選組ゆかりの地・壬生

　今日の目的は、祇園祭の源流を訪ねることですが、せっかくなのでお時間のある方は新選組ゆかりの地・壬生も訪ねてみてください。

　元祇園神社のごく近くに、近藤勇らが新選組の屯所を置いた**八木・前川・南部家**があります。1863年から2年間はここに滞在し、京都の治安を担当しました。1863年というのは、攘夷決行を叫ぶ志士たちが都を駆け巡っていた時期、薩英戦争が起こされ、時代がどんどん変わっていった時期です。

　京都には、町奉行があったのですが、与力20人、同心50人で、半月ごとに当番をしていただけで、不穏な都の治安を守れるような人数ではありませんでした。そこで、京都守護職を務める会津藩は、新たに1000人の兵を置き、新選組は200人の体制を作って、治安を守ろうとしたわけです。

　場所をなぜ壬生にしたのか。まず、200人の宿泊所を確保できるところ、勤王の志士たちは、京都の中心部、六角堂界隈に多くいたようで、問題が起こったとき素早く駆けつけることができるところがいいわけです。壬生からはすぐに行けます。そんなことで、壬生に決まったのではないかと思います。

　次に千本通りを北上しましょう。この辺りに材木屋さんが多いのは、西高瀬川が作られて大堰川から直接材木が、運ばれるようになったからです。

神泉苑・御供社

　日本で最初に疫病神退散の公式な祭りが行われた（863年）という神泉苑を訪れました。神泉苑は二条城の南ですので平安宮からも近く、天皇や廷臣の手ごろな宴遊の場でありました。その場に66本の鉾（長い竿

の先に、長刀などの武器がついている。66本は、その当時の国の数、全国という意味）を立て、その他神輿を出したりしたところです。

神泉苑

　その神泉苑の南の三条通り猪熊に祇園社の御供社があります。ここは祇園祭最大の神事である神輿が後祭の山鉾巡行の後、夕方御旅町を出発して市内をめぐり依りつくところの御供社です。3つの神輿は御供社に寄って、祇園に帰っていきます。

　地下鉄二条城駅から近いので、ここで待てば神輿が見られます。また、神泉苑までは、300mくらいの距離です。

御供社

　中世のころ京都ではこの辺りには、人はあまり住んでいませんでした。明治の初めでも堀川通りぐらいが市街地の端っこでした。堀川通りの西にある猪熊通りになるともっと少ないと思います。つまり、祇園祭という都市的祭りの氏子領域の境界に位置していたと思います。

旧本能寺跡

　次に旧本能寺跡を訪れましょう。旧本能寺は、東西100m油小路通りと西洞院通り、南北200m三条通りと蛸薬師通り、横にある堀川高校よりはるかに広い敷地でした。現在は、御池の河原町通りに秀吉によって、移動させられています。

　南蛮寺宣教師が、本能寺が燃えるさまを記録しています。

—わが聖堂（**南蛮寺**）は、信長のところより僅かに一街を距てたのみ
であった故、キリシタンなどがじきにきて、早朝のミサを行うため着物
を着かえていた余（パードレ・カリヤン）に対し、宮殿（本能寺）の前
で騒ぎが起こり重大事件と見ゆるゆえ、暫く待つことを勧めた。その後
銃声が聞こえ、火があがった。次に喧嘩ではなく、明智が信長を欺いて
これを囲んだという知らせが来た。｜イエズス会日本年報｜　—

釜座町・百足屋町

　秀吉は、1582年に信長が暗殺されて、後をついで、1598年に没するま
での16年の間に、目まぐるしい動きをします。まず全国を支配下に置き、
豊臣による支配体制の確立を図り、大坂に大坂城を建て都を移そうとし
たり、京都の伏見に港を作り伏見城を建て伏見を拠点化しているのかと
思いきや、京都にお土居を作り聚楽第という城を設けたり、都市改造を
して寺を移し京都の町を細分化して通りを割り込ませたり、一方眼を外
に転じて朝鮮半島に出兵したり、目まぐるしい動きをしてきました。

大西清右衛門美術館

　「天正の地割」によって、京都の
町も、新しい道ができます。三条通
りに茶釜を生産する「釜座」ができ
ていたようです。現在では、釜座は
通りの名前にもなっています。ここ
は、私の小学校の校区であったので、
よく通りました。現在でも千家の茶
道具を制作する「千家十職」の釜師
さんの大西家が家業を継承しています。この通りにある、**大西清右衛門
美術館**を訪ねました。中世の座の名残であり、記念館を訪ねたことが感
慨深かったと記憶しています。

　この近くにある安土桃山から江戸時代にかけて活躍した百足屋町の**茶
屋四郎次郎**（京の３長者の一人）**屋敷地跡**を訪ねました。茶屋家は、徳

川氏の呉服御用を一手に引き受けて、
側近や代官として巨万の富を築きま
した。ここには、茶屋四郎次郎・同
新四郎屋敷跡という題で活躍した内
容を書き、百足屋町内会公益財団法
人南観音山保存会という名前で案内
板を掲げています。近世の初め、一
人の豪商が新町通りの百足屋町（南

三井両替店旧址

観音山の町内）に住んでいたことが明らかです。

　ランチは、三井ガーデンホテルの新町別邸のレストランでゆっくりさ
せていただきました。三井ホテルがここにあるのは、三井が京都に越後
屋を構えて、発展した店屋であるからです。創業者の三井高利は、百足
屋町の少し北、六角町に両替店を開き、江戸・大坂・京の三都にまたが
る両替事業本部をここに置きました。

　私の少年期（昭和30年代）は、新町通りは、室町の一つ西の通りで、
室町のような活気はなく（室町はグローバル企業の集まり）、それでも
新町通りには、軒並み繊維問屋が立ち並ぶ光景でしたが、今では、観光
客向けの土産物屋やホテル・飲食店が並ぶようになって、賑わっていて、
時代が変わったそんな印象を持ちました。その中で昔がしのばれる大西
清右衛門美術館があったり、茶屋四郎次郎の活躍の様子が由緒書きとし
て、掲げられているのはうれしいものです。

大政所

　祇園祭最大の神事は神輿の渡御ですが、日ごろ八坂に安置されている
３柱の神々が神輿に乗って洛中の御旅所に行き、７日間滞在して後、洛
中の氏子領域を回って八坂に帰ります。御旅所は、高辻・東洞院の大政
所と烏丸・竹屋町付近の小将井の２か所あります。

　大政所は、「祇園社大政所絵図」によると鳥居をくぐって左手に２つ

の棟が、正面に２つの神輿が安置されている棟とその他２つの小さな棟があります。右側には、１棟が建っています。全体の大きさは、１町四方くらいで、これらのコの字型の建物に囲まれた庭には、30人くらいの人々が楽を行い、湯を沸かし（湯立神楽：神輿が大政所にとどまっている間、笹を湯に浸し）、参列者に振りかけます。

　神主は、日頃から高辻の東洞院にいて、祭りの時には、人数を集めたりする洛中の祇園センターのような役割もしていました。現在では、「八坂神社大政所御旅所旧祉」の石碑と小さな社が残されているだけです。祭りの際には、神輿がとどまり、神事が行われます。

祇園社大政所図
この図では天宝３年（1833）２つの神輿が大政所に入るところ。
現在は烏丸通り高辻を少し北に行った所に石碑が立っています。
（公益財団法人　長刀鉾保存会蔵）

第3章

京都西地域
（W地域）

松尾大社と嵯峨嵐山

2022年

年間

まち歩き
コース
阪急松尾大社駅下車➡松尾大社本殿➡嵐山駅下車➡櫟谷・宗像神社➡野宮神社➡竹藪の中を通り抜けて➡清凉寺（所要時間3〜4時間ぐらい、見るところが多いので、余裕をもっていきましょう）
※松尾祭の日には、神輿が桂川を渡って、西七条の御旅所に行くところまで一緒に行きました。

ねらい　嵐山は京都の最大の観光地で平安の時代から続いています。それを支えるものは何か、桂川や松尾大社など含めて考えます。

　松尾大社駅を下車すると目の前に**松尾大社**の大鳥居が見えます。神社の資料館に行くと、松尾大社の一年間の行事が丁寧に記録されている映像で見ることができます。4月に行われる大社祭は4月20日以後の第一日曜日に出御（おいで）、それから21日目の日曜日に還御（おかえり）が行われます。

松尾大社の祭りと氏子の領域

　松尾大社祭には、6つの神輿と1つの唐櫃が並びます。拝殿前に並んだ7つの神輿らに、神事を行った後、神様が神輿に移られます。神輿は、

松尾総神社

拝殿の周りを3回「ホイットセー」「ホイットセー」という独特な掛け声をかけながら回ります。一基に100人ほどの男たちが代わる替わる交代しながら神輿を担ぎ、リズムよく掛け声を出す、その雰囲気は、圧倒的です。それぞれに100人ほどの人たちが担ぐので、周りを取り囲む

見物客は、神輿が勢い余って、自分たちの方へ来るのではないかと思うほどです。

　私は、祇園祭の囃子方を20年ほどしていましたが、神輿を担ぐ人たちの所作や掛け声、神輿が上に持ち上げられる様、いずれをとっても、祇園祭とは違う、強いエネルギーを感じました。

　祇園祭は、日本を代表する大きな祭りで、沢山な人が集まってくるのは当然ですが、松尾大社祭は、大きな神輿などが7つも勢ぞろいし、これだけたくさんの担ぎ手はどこから来るのかと思うほど活気のある祭りです。

　京都で、最も大きな氏子領域を持っているのは、本多氏の氏子区域図によると、この松尾大社の区域が最も大きく見えます（本多健一『京都の神社と祭り―千年都市における歴史と空間』中公新書、2015年）。ただ、人口密度などありますから、一概には言えませんが、実際に歩いてもその大きさにびっくりしてしまいます。

　祇園祭は、マスコミも取り上げ、行政は御池通りに広い観客席を設け、市役所で祇園祭のための籤取りが行われ、市長も参加する（政教分離など関係なく、京都では祇園祭は神事より他の要素を重んじている）など、市はあらゆる配慮を行います。

　松尾大社は、地域民によって成り立つ、地域の祭りだと思われます。どんな人たちが祭りを支えてきたのでしょう。基本的には、氏子領域の人たちが支えてきたといえます。7つの神輿らは、氏子領域にあります。七条の地域を歩くと子供たちに松尾祭の団員になりませんかというチラシが張られています。地域全体で、祭りのことに関する連絡があり、地域の

祭り参加を呼びかけるポスター

祭りとしての盛り上がりを感じます。

　松尾大社・氏子領域には、京都市の中心部分は入っていません。南北通りの河原町・烏丸・室町から離れています。また、東西の御池や今出川・二条・五条からは離れていますが、四条通りとはかかわりがあります。四条通りを西に向かうと西の端の松尾にぶつかります。

　松尾大社を中心に、桂川の沿岸沿いの住民によって形成されてきた祭りで、桂川とのつながりが極めて強いことが想像されます。

　7つの神輿・唐櫃は、水に関するあるいは地域の産土の神社です。今回訪れる櫟谷・宗像神社は水の神様で、大堰川右岸、嵐山渡月橋のたもと一か所に並んで祀られています。月読神は、海の神様でもあります。あとは、産土神です。

　三宮は、御旅所でもあります。松尾総神社は、御旅所ですが、神事を行う重要な場所でもあります。

　ここで、松尾大社の祭りで、石原神社の御面と嶋神社の榊が神輿等を安全に先導するという重要な役割があります。この二つは、他の氏子領域から南に飛び出したところに神社があります。なぜこんな離れた所にあるのか、不思議に思われます。私の推測では、難波から上流に上がってきた舟は

松尾大社の大きな西七条の御旅所

休憩する場所が必要で、石原・嶋はその場所になっていて、桂川の運送を担ってきた、そこで、他地域と強い結びつきがあったと考えられます。

　全体を通して、この地域は桂川とのかかわりで生活をしていたと思われます。大坂（難波）から平安京にやってくるのに、陸上より大きな荷物を早く安全に運べるのは、河川輸送なのですが、淀川の河口部は土砂の堆積が多くて、使えないこともありました。そこで784年から新たに

神崎川とバイパスとなる運河を設けるなどして、瀬戸内と淀川が航行できるようになり、山崎や、淀が津として大きな役割を果たすようになりました。上流の桂川では、鴨川と桂川が合流する付近の草津（いまでも草津町の地名が残る）、桂、梅津、嵯峨に津が設けられ、舟の行き来ができたようです。地図で見ても、松尾は、京都の四条通りの西端にあたり、桂、梅津、嵯峨あたりに、荷揚げをすれば、市内に持ってくるのに、それほど距離はありません。

　その水利（舟の操船・船の所有・運搬・管理・船頭手配・為政者とのやり取り）などに携わった人々が多くいたと思われます。その人たちは、当然桂川周辺に住み、共同体を作り神を祈り祭りを行い、神輿を出すということになれば、松尾大社のような祭りになると思われます。

　淀川の船の利用は、古代以来、かなり長く続きます。角倉了以・素庵親子は、保津峡開削を行い、丹波から農作物・材木・薪炭を輸送することができるようにし、秀吉・家康から高瀬川・運河を作るように命を受け成し遂げます。高瀬舟は、1895年に七条と伏見間を路面電車が走り、

松尾祭・桂川渡御

大堰川の堰

1912年に第二疎水が完成すると、寂れだし1920年に"引き船高瀬舟"は廃絶します。

櫟谷宗像神社

　ところが、1917年に大洪水が発生し、また、疎水は京都伏見間の唯一の舟路で、治水と水上輸送を考えた**三栖の閘門**をつくることになりました。1929年完成しますがその当時は、石炭利用の需要が多く、年間利用が２万隻以上になりました。1955年頃には、舟の利用が急激に低下し、また天ケ瀬ダム（1964年）が完成して、宇治川の水位が低下し、1968年船留は埋め立てられ、三栖閘門の役目は終わりました（三栖の閘門は、京阪中書島駅から５分の所にあり、ぜひ行かれることをお勧めいたします）。

　以上のように、近代以前は、交通は極端に言えば、舟しかなかったのです。淀川につながる桂川も重要な役割を果たしました。その中心に松尾大社があったのではと考えています。

　さて、渡月橋たもとの櫟谷宗像神社へ向かいます。大堰川の堰は秦氏が造ったといわれています。両社は、水の神様で、水の安全を祈願する

ために建てられたと考えられます。松尾大社の社家が祭祀を行っており、松尾大社の境外摂社になっています。

この後は野宮神社を訪れましょう。

嵐山と院政・源氏物語

問題❶淀川から桂川は、平安京にとって必須不可欠の輸送手段を担う河川であることはわかりましたが、政治とはどのようなかかわりを持っていたのでしょうか。

☛鎌倉時代、亀山天皇の子供で次の後宇多天皇は、大覚寺再興を成し遂げ、出家し大覚寺に住んで院政を行いました。嵐山が院政の場になったわけです。

問題❷嵐山は、源氏物語の舞台になっていますが、それはどこですか。

☛六条御息所の娘が斎宮に選ばれ禊で野宮神社にいるところ、六条御息所に源氏が会いに行きます。野宮が源氏物語の舞台になったのです。

☛明石の君が現在の嵐山公園付近に住んでいたと想定されます。

☛源氏のモデルと言われる源融が住んだ山荘を融の子供らが完成させ、棲霞寺としました。この寺の一部に釈迦堂を設け、発足したのが清凉寺です。

清凉寺

野宮神社から竹藪を抜けて最後に訪れた清凉寺(嵯峨釈迦堂)は広々していて、気持ちのいいお寺です。

瀬戸内寂聴ほか『新版 古寺巡礼 京都39巻 清凉寺』(淡交社、2009年)の巻頭の一節で瀬戸内寂聴は釈迦三尊像五体投地でひれ伏しを続けているうちに釈迦像から微笑みを感じ、

清凉寺の本殿は釈迦堂といわれ釈迦三尊が祀られています。

清凉寺の仁王門。独特な姿で決然とした力強さを感じます。
人は少なく、広々して清々しい気分です。

　また、源融が光源氏のモデルでその墓が清凉寺にあって、この寺に親し
みを感じているのが伝わってきます。
　筆者もこの寺は広々としていて無駄なものはなく、正面に本堂（釈迦
堂）がでんとしている姿は東大寺の僧侶・奝然（938？−1016、俗称は
藤原氏）が嵐山に拠点を造ろうとしたその想いが伝わってくるようで、
とても印象的な寺だと感じました。
　嵯峨嵐山にはほかにも天竜寺、角倉銅像、大覚寺、二尊院、祇王寺な
ども近くにあります。お時間のある方はぜひ。

第4章

京都東地域
（E地域）

E1

修学院離宮と詩仙堂

2021年11月24日

秋 年間

まち歩きコース　出町柳駅集合出発➡修学院駅下車➡音羽川➡修学院離宮一帯➡関西セミナーハウス➡曼殊院➡詩仙堂➡一乗寺駅➡出町柳駅（所要時間3～4時間ぐらい）

ねらい　修学院離宮の周辺の秋を感じ楽しむ。後水尾天皇がここに離宮を設けた理由は何だったか。修学院離宮と詩仙堂の2つを見て感じることは何か。

音羽川

　京都市内には数か所の同名の川があるので、修学院音羽川ともいわれています。比叡山の花崗岩から流れ出ているので、川底には、白くてきれいな砂が一面に並んでいる白川の源流です。高野川まで、5.4km の一級河川です。ただ、花崗岩の風化で高野川に合流するまでの扇状地で、土石流が頻発していました。1927年から1937年の間に砂防堰5基が設置されましたが、1972年に再び土石流が発生したため、2010年に砂防堰・沈砂池・治山堰堤が整備され今日に至っています。

　イメージ的には、修学院から銀閣寺・鹿ケ谷あたりは、水害等縁がないように思われますが、花崗岩質で脆く、扇状地性で水害の起こりやすかった地形です。

修学院離宮一帯

　後水尾天皇が14年かけて作り上げたもので、離宮の素晴らしさは筆舌しがたいものです。桂離宮の仕掛けられた自然の趣の調和とは違って、自然を十分にとり入れた味わいです。後水尾天皇の皇后は徳川和子、和子の母はお江で徳川秀忠の御台所・正室です。

　今日はそのものの美しさではなく、その周辺というか、借景というか、

…離宮の後ろには、比叡山が立っています。聳え立つというほど険峻でもないし、なだらかな丘陵というようなものでもない、スッと立っているという印象です。11月の末になると、山全体が常緑樹のみどりと紅葉の濃い赤色、欅のこげ茶色など一

修学院離宮の南方の景色（2021年11月24日）（写真：上西三郎）

つの色に染め上げられているのではなく、さまざまな色を持った絨毯のようです。

　目の前にある紅葉は燃えるように赤く心が飛び跳ねるようで、離宮の前の田畑は近隣の農家に貸し与え、離宮の周辺を考えた耕作をしてもらっているとのこと。比叡山から大文字にかけた色合いは、出町や丸太町あたりでも見られる東山の秋のプレゼントです。

　関西セミナーハウス（修学院きらら山荘）は社会と人々が持つ様々な価値の多様性を尊重しながら、正義、平和、いのちが尊ばれる社会の実現を目指すアカデミー運動の関西拠点として開設されたものです。日本庭園・能舞台「豊響殿」・茶室「清心庵」等もあり、個人としても宿泊・研修施設を利用できます。

　11月20日過ぎに秋のセミナーハウス祭りが行われますが、紅葉は燃えるように赤くて、素晴らしいです。修学院離宮から歩いて5分のところにあります。曼殊院とは、隣接しています。

　曼殊院は門跡寺院であり、天台五門跡（青蓮院、三千院、妙法院、毘沙門堂、曼殊院）の一つで、門主は北野神社の別当を初代から明治維新まで、900年間続けてきました。

　神社と寺が一体であるというのは、古い寺では、よく見られることで、北野神社では、新型コロナ感染者数の激増を受けて、比叡山延暦寺に呼

び掛けて、2020年に疫病退散などを祈願する「北野御霊会」を550年ぶりに神仏習合の形で行いました。

曼殊院の門前には、皇族方の来寺の立札がいくつか立っているので、やはり門跡だな…。

詩仙堂は、石川丈山が建立した草庵（凹凸窩）です。丈山は、家康に仕えた武将ですが、大坂夏の陣で抜け駆けをして、蟄居処分になり、武士をやめた人です。

しかし、一乗寺では林羅山と文化活動をして、漢詩の間とコンパクトにまとめられた庭園を私たちに残してくれています。雄大な修学院離宮とはまた違う趣を残してくれています。庭は丁寧に、繊細に作られた人工の自然美とでもいうべき庭で、スケールの大きな修学院離宮の庭を比べることはできませんが、皆さんには、機会を作って、2つの庭を見られることをお勧めいたします。今回のコースで異なる2つのタイプの庭を見られることで、さまざまなことが見えてきます。

毎回、まち歩きガイドのまとめを書いておりますが、下記は今回のものです。

第74回　まち歩きまとめ（2021年11月25日）

今回は、1年ぶりの開催でした。1年ぶりでしたが、皆さんお変わりなく、お元気な様子でした。

今回は、秋を楽しむ場所としてどこがいいか、いろいろ考え、修学院離宮近辺としました。後水尾天皇は別荘をどこに作るのか、京都盆地を探し回って、14年かかって、離宮（修学院）の場所を選定しました。その場所を私たちも"秋を歩く場所"として選定したことになります。

大げさなように聞こえますが、昨日は実際に歩いてみて、ここがその場所だと確信したように思えました。後水尾天皇は、まず今の圓通寺の場所に離宮を作ったのですが、池を作ることができず、断念した経緯が

上離宮の浴龍池（2016年10月30日）（写真：上西三郎）

あります。そして、そんな経緯を踏まえて今の場所を選んだのは、もっともだと思えます。

しかし、後水尾天皇が望んだとして、あれだけ大きいものを作るとすると費用も大変だと想像されます。幕府は豊臣に代わって、権力を獲得し朝廷側にものを言わせないようしようとしたのは間違いありません。そこで、様々なプレッシャーをかけました。幕府から朝廷に人を送り込み、将軍秀忠の娘「和子」を後水尾天皇の妃にしようとしました。ところが後水尾天皇はすでに女官（四辻与津子）がおり、子供もできました。幕府は「入内も決定しているのに」と激怒し、天皇の近くに仕える女房たちを追い払いました。また、朝廷の専任事項であった高僧に与える紫衣の権限も幕府に許可を得るべしとして、はく奪しました。禁中並びに武家諸法度は、朝廷を縛るために法律を整備したもので、後水尾天皇と幕府はかなりの緊張関係にあったものと思われます。

決定的な事件は、春日局が参内しようとしたことでしょう。朝廷からしたら、卑しい身分とされる局が朝廷に参内しようとしたこと。これに対して、後水尾天皇は、怒りの一手を差し出しました。誰に相談することなく、突然、7歳の自分の娘に譲位しました。女性天皇は古代以来で、7歳ですから、後水尾天皇が実際の役割を果たすことになりました。上皇となってこののち、幼少の天皇を立て、大きくなると天皇を替え、四代にわたって上皇になりました。85歳、1680年に崩御されていますから、すごい方だったのですね。幕府は3代将軍家光の上洛を契機に、院政を黙認しました。

後水尾天皇は、数々の幕府のプレッシャーに対応し、自分を貫き、つ

いには院政などを認めさせたのです。修学院離宮は、自分が作りたい庭を作るというその象徴であったように思われます。侘び寂びの庭ではなく十分な広さがあり枯山水ではなく大きな池があり、建物には趣がある。また、目を挙げると遠くに京都盆地西稜線も見られる。借景の広がりは、他には見ることができない、"大自然"といってもよい"人と自然のハーモニー"を感じられる空間です。幕府はこの庭を作ることを認めて、多額の制作費用も出しています。

　修学院の周囲には広い畑もありますが、これも含めて保存されており、畑の栽培も行われています。イチョウなどの黄色、欅の赤こげ茶、メタセコイヤの茶色・薄いみどり、紅葉の様々な赤、濃淡もいろいろあって、多彩な絨毯を敷き詰めたようです。この日は、冬の到来で少し身構えましたが、日差しもあってむしろ引き締まった晩秋でした。後水尾さんありがとうとでも言いたくなるような、修学院離宮近辺でした。

　修学院離宮の南の関西セミナーハウスは、コロナ禍で、休館中で中に入ることはできませんでしたが、ソーっと静かに奥の庭にも入らせてもらいました。キリスト教関係の研修施設なのに、能舞台があって、紅葉に囲まれた佇まいは、和風の素晴らしい空間でした。(以下略)

銀閣寺と義政

2018年12月14日

E2

5月
年間

京阪出町柳駅集合➡市バスで銀閣寺まで移動、銀閣寺の主な拝観所：総門の生垣・本堂・東求堂（同仁斎）・銀沙灘や向月台➡展望所に上がる➡錦鏡池・観音堂➡ "ノアノア" 白沙村荘橋本関雪記念館の中のレストラン➡午後徒歩15〜20分の真如堂へ

ねらい 煌びやかな金閣寺と銀閣寺の落ち着いた東求堂や観音堂を比較する。

　銀閣寺は、慈照寺銀閣といい、8代将軍義政（1436〜1490：祖父は3代将軍義満、父は6代将軍義教）が建立した東山山荘がその始まりです。義政が1482年から建て始め、1484年には、住んでいます。祖父が建てた金閣寺を意識しながら建てたと思われますが、全く正反対とでもいえる様相を感じさせます。

　義満が作った金閣寺・北山第は政治活動をするための、煌びやかな権力を誇示する施設であったことはすでに触れたとおりです。

　義政は、8歳で将軍になります。伊勢の貞親の支えで、政治をすることはできました。しかし義政の評価は、必ずしも良くありません。「義政は、自分の意志というものが欠けていて、そのため恐ろしい妻の日野富子（1440〜1496）の意のままになる無力な道具に過ぎなかった」と評されています。

　義政は、最初から怠惰な将軍であったというわけではなく、民衆の福祉を気にかけ施しなどもしています。次第にそれが稀になり、飢饉があっても娯楽を慎もうとしなくなります。幕府の要人たちは独裁者を恐れ、

酒色におぼれさせ、判断力のない遊びだけを追求する将軍に仕立てて
いったのです。

　すなわち、義政が自分の意思を持って政治をしようとしても、幕府の
要人はそれを妨げました。1467年から始まった応仁・文明の乱は、1477
年に終結しますが、義政は、西軍と東軍を和解させるなど何らかの方法
を講ずることができず、ずるずると11年の戦いになりました。

　義政が関心を寄せたのは、山荘
を建てることです。1482年に建て
始めます。1486年には、**東求堂**が
完成します。義政の書斎があり、
畳が敷き詰められ、障子が立てら
れました。平安時代はしとみ戸が
使われていて、光は十分に入って
こず暗い室内でした。障子は十分

東求堂　外景（写真：前田海）

な光を入れることができ、しかも内外
お互いに見えず、新たな解放された空
間ができたことになります。光が入る
ところに床の間、違い棚をつくれば書
院造ができたわけです。これは現代の
和風建築の基本となりました。

　書院造りの完成は、煌びやかさは全
くありませんが、地に足がついた生活
に密着した新しい文化を創り出したこ
とになります。行く機会がありました

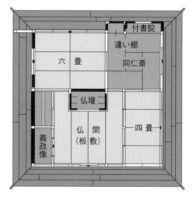

東求堂　内部間取り

ら、国宝**東求堂**の四畳半 “**同仁斎**” をぜひご覧ください。

　次にご案内するのは、これも国宝の**観音堂** “**銀閣**” です。

　一階は書院造で「心空殿」、二階は禅宗様式の「潮音閣」で観音菩薩

観音堂と錦鏡池（写真：上西三郎）

像が安置されています。

銀閣寺の銀とは、ガラス質の白土ミョウバンがキラキラ光るさまを指しています。

一階と二階はどうして向きが違うのか。月の軌道から、銀閣寺は月待山から月が昇るのを見る位置に合わせてあります。

まず、一階の東向きの部屋で月が山から登ってくるのを楽しみます。やがて、月が高い位置に来ると建物のひさしに邪魔されて見えないので、南向きの二階に上がります、二階からは庭の池が見渡せ、その池に映った月を愛でることができます。また池の中ほどに丸い形の岩があり、池に映った月の光は、その岩の月と重なります。

さて、夜も更けてくると義政は渡り廊下に出ます。現存していませんが、かつては渡り廊下が銀閣にくっついて建てられていました。渡り廊下に座り天空の月と庭に映った月、それに月の光に煌々と輝く銀閣を楽しんだということです。

義政が最も楽しんだのは、銀閣寺で最も有名な観音堂と思われます。義政の月を楽しむ方法は上に記したとおりです。ここでは、教科書にも掲載されている書院造りのある東求堂を取り上げました。機会があればぜひ東求堂を覗いてみてください。

E3 吉田山から真如堂へ

2014年5月17日

年間
春・秋

まち歩き
コース

吉田山公園入口➡吉田山山頂（20分ほど）➡吉田山南へ下る➡吉田神社➡京都大学・時計台下食堂➡真如堂の庭・境内（所要時間4時間程度）

ねらい 吉田山・京都大学の学際的な雰囲気・御陵・真如堂らは地域に溶け込んで落ち着いた雰囲気を醸し出しているのではないか。どのように感じられるか。

　吉田山へは吉田山公園の北の入口（市バス北白川停留所）から登ります。小さな山（丘）ですが、趣があり、京都の代表的な断層が走ります。西には、吉田神社と京都大学が並んでおり、私たちは、京都大学本部の時計台下の食堂でランチをいただきました。一般の人も入れます。

　吉田山の東には、真如堂や陽成天皇（869〜949）などの御陵が見られます。真如堂は、交通の便が良くないので、人の行き来は少なく、秋の風情をゆっくり楽しむことができますが、最近人が増えてきて、騒がし

くなってきました。おすすめは、真如堂の庭から真正面に見える大文字山の姿です。東山全体を借景にした落ち着きは、私たちにどっしりした時間を与えてくれます。真如堂は、大手企業"三井家"の菩提寺で、かつては、社員の新任研修でも使われていたようです。

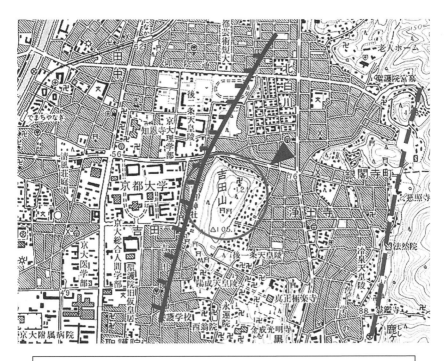

吉田山は、南北800m、高さ50mから60mの孤立丘、吉田山の西には、花折れ断層が、東の大文字山には、鹿ケ谷断層が走っています。

写真・地図出典：京都府レッドデータブック2015

E4 京都岡崎・無鄰菴

2018年1月20日と25日

まち歩きコース 地下鉄蹴上駅出発➡無鄰菴➡ランチ（京都市国際交流会館）➡琵琶湖疎水記念館➡岡崎界隈（所要時間3〜4時間）

ねらい 岡崎の歴史を知ることは、日本の近代の歴史を知ることになります。しかもその足跡が丁寧に保存されているので、そのいくつかを見学します。

岡崎の歴史

　岡崎は、古くは白河天皇の時、「勝」の字がつく六勝寺（6つの寺）が設けられたところです。

平安神宮応天門　平安京大内裏の正庁朝堂院の南面正門を再現したもの

平安末期、ある人が山科から京都にやってきました。九度山を越えて蹴上に到達して、顔を上げてびっくりしました。大きな塔が、それも今までに見たことのない大きな塔です。

　それは白河天皇が建てた現動物園北側にあった法勝寺の塔だったのです。今、日本で一番大きい塔は東寺の55mです。この塔は、なんと81mあるいはそれ以上といわれています。法勝寺は六勝寺の一つです。

　明治になってからは、後述の疏水開通や発電の開始、市電の開通のほか、1895年には平安遷都1100年を記念して平安神宮が創設されました。同じ年に岡崎で開催された第4回内国勧業博覧会には113万もの人が訪れたといいます。岡崎は新しいことを行うとき、しばしばその先頭に立ってきました。

　まずは**無鄰菴**を訪れましょう。無鄰菴は明治27〜29年元老山縣有朋の別邸です。

　この庭の最大の特色は京都の再開発に大きく貢献した琵琶湖疏水を庭の流れに取り入れたことです。

　それほど大きくない庭がこの流れによって、東山の借景と共に自然の豊かさが

無鄰菴（冬景色は素晴らしい）

うまく表現されていると感じました。昭和16年京都市に譲渡され、昭和26年国の名勝に指定されています。

琵琶湖疎水記念館

　京都市国際交流会館でランチをいただいた後、琵琶湖疎水記念館に向かいました。

　明治２年の遷都で、京都の人口が35万から20万に減ったといわれています。この影響で岡崎も大名屋敷が取り壊され、田地になって、農村地帯の姿に替わりました。

　驚いた北垣知事は、巨費を投じて琵琶湖疎水の建設・水力発電・発電を使って電車運行を果敢に行いました。明治16年大津京都間測量、疎水の竣工・完成、発電所完成、鴨川運河完成、明治45年には、市電も開通しました。

　疎水記念館では、疎水の工事の始まりから完成まで、映像も使って説明されていました。説明資料の整った記念館なので、お勧めいたします。無料です。

京都市美術館は 2020 年に改装され、
名前も「京都市京セラ美術館」になりました。

南禅寺と疎水

2015年9月29日

 京都市地下鉄蹴上駅集合：琵琶湖疎水記念館見学➡南禅寺塔頭「金地院」見学➡鹿ケ谷通りから北へ➡ホテル平安の森京都にてランチ（所要時間3〜4時間ぐらい）

ねらい
1　若くして琵琶湖疎水の工事責任者になった田辺朔郎の足跡をたどります。
2　南禅寺では徳川時代の初期に活躍した僧・以心崇伝に焦点を当てました。

日本の土木技術を牽引した田辺朔郎

　明治が始まるまで、日本の首都であった京都の人口は、東京遷都で激減し京都は意気消沈しました。その京都の危機を救ったのが、第三代京都府知事の北垣国道です。北垣は近代化のために様々な取り組みをしましたが、最も優れた業績が琵琶湖疎水の建設でした。

　多くの人の努力によって建設が行われたのですが、若くして工事の責任者となった**田辺朔郎**（1861〜1944）についてお話をいたします。

1861年　高島秋帆門下の洋式砲術家の田辺孫次郎長男として誕生します。

1875年　叔父田辺太一のすすめで、工部寮小学校に入学しますが、父は早く死に、岩倉遣欧使節団外務一等書記官であった叔父を頼って沼津に移転します。

1883年　15歳で工部大学校（現東京大学）に入学します。卒論は「琵琶湖疎水工事の計画」でした。

1883年　卒業と同時に、京都府知事・北垣国道に請われて京都府御用係につきます。工部大学校長大鳥圭介（旧幕臣）と叔父（旧幕臣）は旧知で期待をかけられていました。大鳥の推挙があり、また

田辺朔郎の卒論が北垣の目に留まったものと思われます。

1885年　琵琶湖疎水の起工式。

1886年　疎水事務所の工事部長となります。最大の難所は、長等山トンネル竪抗工事、第1疎水工事4年8か月の内、4年4か月かかっています。この竪抗技術確立のお陰で、東海道線本線、東山トンネルも掘ることができたのです。

1888年　この難工事をしながら、アメリカコロラド州アスペンでデブロー兄弟による水力発電所を視察しています。これが疎水による発電につながります。

1890年　琵琶湖疎水竣工式。知事の北垣国道の長女と結婚、媒酌人は榎本武揚です。

1891年　日本初の水力発電所、蹴上発電所完成、東京帝国大学の教授になっています。

1894年　英国土木学会より田辺朔郎らによる琵琶湖疎水工事完成の業績をたたえてテルフォード・メダルが授与されています。

1900年　京都帝国大学工科大学（現在の京都大学大学院工学研究科）教授に就任します。

1901年　京都市の土木顧問に嘱託されています。

　このほかにも京都三大事業とされる①第2疎水②上下水道③道路拡幅

蹴上インクライン
高低差36mある二つの水路間を鉄道レールを引いて、船を台座に乗せ上下に移動させ結びつける装置です。写真は冬のインクライン
（2023年1月28日）

と市電敷設に携わっています。田辺朔郎の行ったことは京都を元気づけると同時に、日本の土木業界にも多大の恩恵をもたらしました。1944年83歳で亡くなっています。

江戸幕府の礎を作った僧・以心崇伝

南禅寺・金地院（2023年1月28日）

　続いて、京都五山筆頭の**南禅寺**塔頭・**金地院**を訪れます。

　金地院に住んでいたことから金地院崇伝とも呼ばれる**以心崇伝**は1569年の室町幕府のとき、高官の子として誕生しましたが、足利義昭の追放・室町幕府滅亡で方向を変えて、格式の高かった南禅寺で出家しました。37歳の時、南禅寺270世住持で、南禅寺のトップに立ちました。1608年、39歳のときに家康に招かれ、幕政に参画しています。室町時代、僧侶は漢文の素養を持って、幕府と中国との交流を支えていました。その流れをくむものだと思います。この時すでに、家康の駿府城内に金地院を与えられています。1612年からは、幕府のあらゆる行政に携わり、寺院諸制度、寺院諸法度・武家諸法度・禁中並びに公家諸法度の法案作成を行

雪化粧の南禅寺・三門

いました。

　1614年の方広寺の鐘銘事件「国家安康　君臣豊楽」は崇伝が出した悪知恵だといわれています（違うという意見もありますが…）。鐘銘事件は別にして、とにかく、法案を作成する能力が高く、作成に深く関与していました。家康・秀忠の信頼は篤

く、江戸城内に2000坪の屋敷を得ていました。京都の金地院と江戸屋敷を往還しながら、仕事をこなしていたと思われます。

　もう一つ大きいことは、今まで相国寺に置かれていた禅宗寺院の人事統括機関「僧録司」を金地院に移したことです。そこで崇伝は、宗教界でも大きな地位を得ることになりました。

　南禅寺金地院に崇伝の権威を高めるものを作っています。1628年には、家康を拝むために東照宮を作っています。これは家康の遺言で、3つ（久能山・日光・金地院）しかないものです。「鶴亀の庭」は2000坪あり、小堀遠州が直接作った庭（由緒書きがあります）です。崇伝は1633年65歳で亡くなっています。

　（E4）（E5）は、疎水・南禅寺（金地院など）・無鄰菴・六勝寺の巨大塔などの組み合わせでいくつかのコースができます。季節によって考えてみてください。また鹿ケ谷通りには、野村美術館（野村証券創業者創立）、しばらく行くと泉屋博古館（住友財閥が寄贈）があり、とても雰囲気がある道です。

門跡寺院・青蓮院と将軍塚青龍殿

2020年1月25日

京都市地下鉄"東山"駅改札口➡青蓮院拝観➡知恩院「和順会館の花水庵」で食事➡京阪バス停「神宮道」から「将軍塚青龍殿」までバスで10分ほど➡青蓮院門跡　龍殿拝観、舞台からは京都市が展望できる➡徒歩で下山（所要時間４時間ぐらい、運動靴がおすすめ）

ねらい 歴代天皇の位牌がずらっと並び、気品高く整然としています。その意図するところは何か、考えてみたいものです。

　門跡寺院・青蓮院を訪れます。ここには多くの寺にある燦然と輝く阿弥陀堂や釈迦堂はありません。当門跡の最重要建物"宸殿"に祀られている、歴代天皇の位牌が整然と並ぶさまは厳か、静寂、威厳、清楚という言葉を連想させます。

　青蓮院が最も隆盛を極めたのは、「愚管抄」の作者、「新古今和歌集」歌人、天台座主４回の慈円でした。慈円は、９歳の親鸞を得度させています。青蓮院の飛び地境内である将軍塚青龍殿にも伺います。

　今回は、当日のレジメを使いながら、拝観コースをたどってみます。

問題❶青蓮院がとても古くて格式の高い寺だとわかるものが、寺の前にあります。それは何でしょう。

☛５本の巨大な楠（京都市登録天然記念物）があります。幹周は5.94m、樹高26m、樹歴800年と13世紀からのものと思われます。

問題❷住職は、どんな方ですか。

☛まず、住職は、もともと親王や摂関家の子弟で、延暦寺の天台座主は

青蓮院・三千院・妙法院三門跡のいずれかから出るので、住職は修行し、座主を目指します。

問題❸葬儀は行われますか。

☛葬儀は行いません。私たちは、寺院は葬式を行う場所と思ってきたので、不思議な気がしますが、ここが特別な寺院なのです。宸殿で歴代皇族の位牌が並んでいるところを見ると、雰囲気的に理解できるかもしれません。

問題❹ご本尊は何ですか。どこにお祀りされていますか。

☛本堂（表側）には、「熾盛光如来曼荼羅」をご本尊として祀ってあります。裏側は青不動を祀ってあります。表のご本尊で、国全体の繁栄、皇室の安寧、天変地異の鎮静を祈ります。裏の青不動明王には、個人のことを祈ります。右手の剣で悪を切り捨て、貪り・怒り・愚痴を焼きつくし、その上で諸願を成就します。御影堂・阿弥陀堂・釈迦堂はなく、もちろん、釈迦像、阿弥陀像はありません。本堂はごく小さなものです。お堂が小さな理由は、国や皇室の安寧やご回向を静かに祈願するからです。

問題❺青蓮院の名前の由来を教えてください。

☛最澄が延暦寺を開くにあたって比叡山山頂近くに多くの僧侶の住坊を作りましたが、その一つが青蓮坊です。

問題❻将軍塚青龍殿の舞台はどれくらいの広さですか。

☛清水の舞台の4.6倍の1046㎡です。平成10年に京都府は、北野にあった柔剣道"平安道場"を閉鎖解体したので、京都東山将軍塚に"青龍殿"として、移築再建したものです。

上にも書きましたが、青龍殿は岡崎の美術館あたりからも見えるので、一体何があるのだろうと思っていましたが、ここへ上ってきて、清水の舞台の4.6倍の随分大きなものだと改めてわかりました。全部木製で、

平ですから維持管理の工夫がいろいろしてあるのだろうなど想いながら、北・北西方面はよく見えます。西・南方面は、すぐ横の将軍塚の展望台の方がさらによく見えます。将軍塚青龍殿へのアクセスは、神宮道・三条通りの交差点の横にバス停があって、バスで10分です。バスの本数が少ないので、時刻表の確認が必要です。

　帰りは、徒歩で下りることができます。15分から20分ほどです。皆さんが歩き固めた道ができていて、緩斜面で危険なことはありません。日ごろ、東山は見ているだけで、中に入ることはありませんから、入ってみるのもいいと思います。巨木は意外と少ないです。雑木林で多種多様な木が見られます。下っていくと知恩院の大きな鐘楼の所へ出てきます。

　青蓮院は、特別な歴史と役割を持っていたことがわかったと思いますので、より一層興味関心が湧いてくるのではないでしょうか。皆様にも、一度行かれることをお勧めいたします。

青蓮院の門前には、この寺の長い歴史を物語る巨大な楠が、陣取っています。樹齢800年、幹回り6m、高さ26m（写真：佐野文弥）

　京都には、京都盆地を取り巻く京都三山の保全に取り組む「京都伝統文化の森推進協議会」があります。様々な体験活動をしていますので、関心のある方は、京都市林業振興課075-222-3346に連絡をしてみてください。

祇 園 祭

夏

2013年7月13日　NHK文化センター：京都教室

ねらい 祇園祭の歴史や芸術的特色などの説明後、その素晴らしい芸術的、歴史的作品を山鉾町に出かけて見学します。見学は、グループに分かれて、課題を解決しながら、各山鉾の特色を見たいと思います。

疫病と牛頭天王

　祇園祭は八坂神社の祭礼です。なぜ八坂祭とは言わないのでしょう。明治の神仏分離令が出るまでは、地名の八坂神社ではなく、祇園社と呼ばれていました。祭神もスサノオノミコトではなく仏教からきている牛頭天王でした。その祇園社が執り行っていたのが祇園祭です。

　さて平安時代の初期、医学は未発達で、疫病を阻止することはほとんど不可能でした。夏季にコレラや、赤痢が流行しました。朝廷も民間も疫病が出るとその都度、臨時の祭壇を設けて祈りの事業を行いました。公式記録の「三代実録」によると863年京都の神泉苑で御霊会を行いました。桓武天皇の弟の早良親王や橘逸勢ら非業の死を遂げた6人の霊が疫病を引き起こすと考え、彼らの霊を慰めるためにお経を読んだり、歌舞をしたりしました。

　994年には、全体でも600人しかいない5位以上貴族の中で67人（11％）が亡くなるという疫病が流行り、船岡山で御霊会が行われました、神輿が2基出され、祭りの終わりには、難波の海に送り出されました。最初の頃の神輿は臨時に作られていて、祭りが済むと、拝殿などに置かれることなく、できるだけ早く海や川に流してしまおうとしました。派手な色や、にぎやかな音曲で疫神を神輿に乗せ、疫神がどこかへ行ってしまわないうちに、海や川に流そうと考えていました。祇園祭の山鉾は、巡

行が終わった当日もしくは、翌日までに何もない状態にします。これは、水に流すのと同じ意味を持っているのだと思います。

　祇園社の祭神に播磨の広峰から牛頭天王（スサノオノミコト）を迎えるのは、876年と言われています。祇園社（八坂神社）の祭神である牛頭天王は、当初、疫病をまき散らすのではないかと恐れられていましたが、強い力を持つ牛頭天王を崇め奉れば、牛頭天王の力で、疫病を抑えられると考えられるようになりました。

表　大風・疾病・地震・飢饉（10年間に概ね5回以上）

西暦（平安時代）	大風・洪水の回数　その他		疫病回数
794－800　年	5回	平安京へ遷都	
831－840	4		5
851－860	6		1
861－870	5	良房摂政　御霊会	2
871－880	8	基経　摂政・関白　干ばつで飢饉	1
881－890	8		1
911－920	4		1
921－930	2		3
941－950	3	武士の台頭	2
961－970	5	桂川決壊　祇園御霊会	
971－980	4		1
991－1000	6	摂関政治全盛　　道長の時代	2
1011－1020	4	同	3
1131－1140	3		3
1141－1150	5		1
その他、1177年京都大火、1181～82年養和の大飢饉、疫病			

出典：北村優季『平安京の災害史－都市の危機と再生』（吉川弘文館、2012年）

方丈記で有名な鴨長明は、養和元年（1181）京都左京だけで42300人の死者数を確認していると記しています。確認しただけでも京都の４割ほどの人が亡くなりました。

籤取り

　山鉾巡行の順番は、一部の山鉾を除いて、籤を引いて決めます。関係者一同が集まって、市長立ち合いの下、京都市役所で行われます。このように大掛かりに行われるようになったのはなぜでしょうか。

　1467年に始まった応仁・文明の乱で、町家や山鉾が焼かれて祇園祭は行うことができませんでした。乱が終わって、町衆や関係者の熱い想いで、33年ぶりにやっと行うことができました。11年に及ぶ長い応仁・文明の乱でしたが、京都はやはり日本の都で、多くの物資、財が集積するところでした。

　室町通りはその中心で、室町通りやその界隈に住む山鉾町の町衆は、財を成しているものも多くいました。その威信をかけて、山鉾巡行１番を取りたかったのではないでしょうか。

　八坂神社所蔵「祇園社記　第十五」に後祭を巡って籤取りが行われた旨記載されています。

　「今度御再興已後、山鉾次第町人ら淨論のあいだ、籤取り次第なり、前々日、町人愚亭に来たり、籤これを取る」（※淨論：言い争いがあった）。籤取りを行ったのは、警察筆頭役人、松田頼亮が雑色とよばれる下級役人に立ち会わせ、自らの自宅で籤をとらせました。その後は、六角堂に場所を移しています。六角堂は古い寺で、宗教

徳川時代籤渡しの状況
（祇園御霊会細記所載）

的色彩の薄い地域の公民館的な場です。この当時治安が悪かったので、地域を守るため地域共同体的な結びつきが強く、六角堂に集まって協議をしています。

籤取りは、江戸時代、初代京都所司代板倉勝重が、また1904年京都市長　内貴甚三郎が立ち会っています。戦後は1953年以降、市役所で行われています。

祇園祭は前祭と後祭　神輿の渡御

祇園祭が７月17日と７月24日と２回に分けて行われるのがなぜか考えてみたいと思います。祇園祭というと、**山鉾巡行**のことだと思われる方が多いと思います。ところが、祭りの中心は、八坂神社の３祭神（主祭神の素戔嗚尊スサノオノミコト・妻の櫛稲田姫命クシイナダヒメノミコト・子の八柱御子神ヤハシラノミコガミ）が神輿に乗って、御旅所へ渡御することなのです。主祭神は中御座の神輿、妻は東御座の神輿、子は西御座の神輿に乗ります。もう一つは、私たちが知っている山鉾巡行です。この二つの神事から成り立っているのですが、上の説明では、渡御した神様が御旅所から八坂神社へ帰ること（**還御**）が抜けているので、それも入れなければなりません。祭りで大切なのは、むしろこの還御なのです。ところが、京都市の交通のことなど諸般の事情で昭和41年に前祭と後祭が合同化されて、17日だけの実施になってしまいました。前祭で、祇園の神々は、四条・寺町通りの御旅所に渡ってきます。７日間ここにいて、24日の後祭・山鉾巡行の後、昔の御旅所（大政所・少将井）や御供社を回って、八坂神社に夜遅く帰っていくのです。24日に行われる後祭・山鉾巡行は、神輿の還御の先触れとなるもので、昭和41年以降、それなしで、しばらくの間、還御を行ってきたということになります。

神事といっても、山鉾巡行は、神輿の渡御と違って風流（室町時代に、ふりゅうとよんだ）に重きを置いています。上杉本洛中洛外図に描かれている"風流"踊りというのがあり、後の盆踊りと言われていますが、

盆踊りとはかなり趣を異にしており、“さまざまな扮装をして道化を演ずる踊り”で若い男が女の着物を身に着け、作り物とよばれた仮装をほどこし音曲に合わせて飛び跳ね、数百人にも及ぶ人たちが参加する、町衆の結びつきを示すものです。

　私たちが今日常的に使っている風流<ruby>風流<rt>ふうりゅう</rt></ruby>は、上品な趣があること、みやびやかなこととして使っているので、中世の<ruby>風流<rt>ふりゅう</rt></ruby>とは違います。**上品でなくて、華美でもいい美しさ、貪欲な美しさを言っているような気が**します。虎の皮を張り付けた鉾の見送りは、「こんなすごいものを飾り付けているという自己満足感」なのではないでしょうか。多くの色をふんだんに使って編み上げた絨毯やタペストリーなどで、車が付いていて、多くの囃子方を乗せる山・鉾の4本柱は、黄金色の模様が豊かに造形されています。

　日本の経済規模の拡大と社会背景の中で、祇園祭の山鉾の大型化、装飾品の豪華化が進みました。16世紀後半の上杉本洛中洛外図屏風の中にも普通の家屋よりはるかに高い長刀鉾、函谷鉾、鶏鉾、船鉾がはっきり描かれています。

祇園は町衆の祭りであったのか～資料から見た祇園祭～

　映画「祇園祭」（中村錦之助主演）では、室町幕府の権力に対抗して、民衆が立ち向かって山鉾巡行を強行したのが、祇園祭とする設定でしたが、実像がどうであったのか。次の資料1～4で、町衆・室町幕府・延暦寺・日吉社・祇園社の関係がわかってきます。

　映画「祇園祭」は1968年公開されています。映画「祇園祭」の脚本が手元にあるのですが、私の父が月鉾町の役員をしていたので、関係者が持ってこられたものだと思います。ただ、脚本では、延暦寺、幕府の立ち位置が事実と違うようです。それは1960年代当時、「権力に対抗して民衆が何かをする」というのは、支持が得やすい社会的雰囲気があったように思います。

資料1　義晴から祇園執行人玉寿丸へ

天文二年（1533年5月22日室町幕府奉行連署奉書案）

祇園会のこと、日吉社祭礼なしといえども明応九年ならびに永正二年の
御成敗のむねにまかせて、来る六月式日に執行せらるべきのよし、おお
せいでされ候なり、よって執達くだんのごとし、

天文二年

五月　二十二日

堯連判（飯尾）

晴秀同（松田）

当社執行玉寿丸殿

　幕府の2人の役人が将軍義晴の意向を伝えるもの。明応九年（1500）
と永正二年（1505）の先例に任せて執行するように。幕府が祇園祭をお
しとどめようとするものではない、むしろやれと言っています。映画「祇
園祭」では幕府が押しとどめようとするのを民衆が権力に反抗して、民
衆の祭りだとして山鉾の巡行を強行する、というストーリーにしていま
した。

資料2　延暦寺の僧の使いが祇園社へ

明日この方神事しそうらわば、この方をあす発向しそうらわんよし申す

　もし祇園会を明日おこなえば、祇園社に延暦寺大衆が軍をよこす。祇
園社は、幕府からは「祇園会を実施せよ」、延暦寺からは「やめろ」と
言われて困ってしまいました。しかし、結論としては、祇園会を延期と
決めます。

資料3　義晴から玉寿丸へ

明日の祇園会のこと、まずは延期せられるべきのよし、山門として、申し入るの段佐々木弾正少弼申し上げらるの旨そうろう間、かくのごとく仰せいでされ候恐々謹言

　　　　　　　　天文二年

　　　　　　　　　　　　六月六日　　堯連

　　　　　当社執行

　　　　　　　　　　　玉寿丸殿

　義晴は、祇園祭を実行せよと言いながら、明日に迫ったときに、やはり延期やと言っているわけです（午後4時ごろ届く）。祇園社は、延期と決めていたところへ、幕府からも延期の連絡がきたというわけです。玉寿丸は内心ほっとしたことでしょう。

資料4　祇園社を代表する執行の日記

天文二年（1533年6月7日）
　　　　　　　　執行に仕える山本太蔵のところへ
山鉾の儀につき、朝、山本太蔵がところへ　下京の六十六町の月行事ども、触口、雑色など、みな来そうろうて、**神事なくとも、山鉾渡したきことじゃけに候**

　祇園会が停止になることを聞いて、7日の朝、執行につかえる山本太蔵のところへ「下京の六十六町の月行事、触口、雑色など」がやってきた。

　町衆は誰に対して巡行を主張しているのかというと、延暦寺に対してである。幕府は、祇園会をせよと言っているが、自分でする力はない。開催を主張したのは、幕府の義晴将軍であるが、義晴は、佐々木氏の居候であって、JR安土駅から20分ほど歩いた桑の実寺（階段をのぼるのに、1時間ほどかかる）の一角にいたのである。延暦寺の主張や佐々木

氏の意向も考慮して義晴は、祇園会の強行をあきらめたのである（資料：河内将芳『改訂　祇園祭と戦国京都』法蔵館文庫、2021年）。

　「神事なくとも、山鉾渡したき」は民衆の主張でなんとかしてほしい気持ちはよくわかります。

細川政元（室町幕府の実力者、管領）の強引ともいえる山鉾巡行

　祇園会あり、山王祭これなきあいだ、延期すべしのよし、兼ねてその沙汰あるといえども、今日細川京兆（政元）見物のあいだ、山鉾祭礼等ありと云々、先規は、十二月に延引の例これありと云々

　日吉社は祇園社の本社にあたります。日吉社の祭（山王祭）ができないと出先の祇園会は延期されます。ところが、政元が見物するというので、山鉾巡行が行われたというのです。

　先例からすると、日吉社の祭りができないと、祇園会も延期されるのに、それを無視するだけでなく、神輿の渡御もできてないのに、山鉾の巡行をするという、政元は強引なやり方をしたのです。延暦寺に対する当てつけですね。それに対して、延暦寺は政元との、正面対決は避けたようでした。

　このような先例があったので、町衆は、神事＝神輿の渡御なくても山鉾巡行を行いたいと申し出たわけです。幕府が町衆を押さえつけるために、山鉾巡行をやめろといったわけではなさそうです。

　1533年の町衆の「神事なくても山鉾渡したし」という訴えは、残念ながら、できなかったと室町から江戸初期の都市・文化の歴史に詳しい河内将芳氏は結論づけられています。

　この頃は、延暦寺は圧倒的な力を持っており、それに対して、幕府は、特に将軍は見る影もありません。町衆は、権力に抗することはできませんが、祭りを実施する力は持っていることがわかりました。

粽の役割

　粽は祇園祭ではどのような役割を果たしているのでしょう。

　祇園社の祭神"牛頭天王"が、老人に身をやつして「旅の宿をお願いしたい」と２人の兄弟に頼みます。ところが弟の巨旦将来は、裕福な生活をしているのに冷淡でした。兄の蘇民将来は、貧しいのにやさしく受け入れてくれました。老人姿の牛頭天王は兄に「近々村に死の病気が流行るが、お前の一族は助かる。腰に茅（ちまきのこと）の輪を巻いておきなさい」と言いました。そんなことで粽を玄関につるしておけば、災難に合わないというので、皆さんつるしているのでしょう。

斎竹建てとお囃子

　山鉾は、四条通りを祇園社（八坂神社）に向かって進みますが、麩屋町通りに縄が張ってあって、先頭の長刀鉾の稚児がその縄（注連縄）を刀で切って前へ進みます。ここから神の領域に入るので囃子の曲も初めは緩やかな荘厳な感じの曲を演奏します。河原町を曲がるとアップテンポの戻り囃子になります。斎竹建ては高橋町が受け持って、７月15日に建てます。

豪華な飾りや囃子

　豪華な飾りや囃子には、どのような意味があるのでしょうか。

　河内将芳氏の説明によれば「**風流拍子物は中世の半ば頃から後期にかけて盛んにおこなわれるようになった集団的歌舞伎**」であると同時に「災厄をもたらす神霊を囃子て鎮め送る機能を本質とし、風流すなわち神霊を依らせる造り物装いを特色とするものであった」。平たく言えば、豪華な絨毯やタペストリー、大きな鐘の音・太鼓などで疫神を呼び寄せるのです。その意味で、前懸け、胴懸け、見送り、上下水引は目立って美しく、音曲は、大きな音でなければなりません。

　筆者は月鉾の囃子方をしていましたが、鐘の音は大きくて、甲高く耳栓をしていました。それで神様が来てくれるなら、仕方がないですね。

これらの懸物は、遠く**ヨーロッパや中東**から、**献上・輸入**されてきましたが、どのような経過を経て京都の町・町人のところへ来たのでしょう。

　鯉山の見送り・胴懸け・天水引・前懸けは、どこで制作されたものか調査が行われました。その結果、ＢＢという文字は、ブリュッセル・ブラバンドの頭文字で、ベルギーで製作されたものであることがわかりました。ベルギー王立博物館調査によると、製作者ニカシウス・アエルツ（〜1627）であることに間違いないそうです。

　以下調査結果を簡単にまとめると、ベルギーから日本の平戸へ送られ、徳川将軍に献上されたものであることが判明しました。

　5枚のタペストリーが将軍へ持ち込まれました。将軍から、徳川の菩提寺増上寺、御三家の紀州藩と尾張藩からさらに京都の商人へ渡ったと思われます。加賀藩へ渡ったものは保存されています。京都の商人は、このタペストリーのその後の売買にかかわっています。

　江戸中期、紀州藩は、三井から34万両（今でいうと200億円ほど）借りていました。尾張藩は、55万両借りています。伊藤商店から京都の藤倉十兵衛に200両で売っています。三井と伊藤（松坂屋前身）は、京都で同じ町内です。以上のことを総合すると将軍家に献上されたタペストリーは加賀藩や将軍御三家にわたり、御三家から当時の大商人に借金の一部として渡されました。また一部のタペストリーは、商人間で取引が行われ、京都および近江の長浜や大津の祭りに流れていきました。

　鶏鉾町の見送りに使われているBBタペストリー「出陣するヘクトルの妻子との別れの様子」は、1枚のタペストリーを祇園祭のあられ天神山の前懸、近江長浜祭の鳳凰山の見送りらに分けて使われています。BBタペストリー「トロイアの陥落図」は、祇園祭の白楽天前懸、大津祭の月宮殿山見送り、大津祭の龍門滝山の見送りらに分割して使われています。

ベルギーのタペストリーを手に入れるには、数千万円必要であったようですが、大商人から町衆に渡ったのは、取引でというより**商人のメセナ、社会貢献**の一つの手段として行われました。たとえば、呉服商「西村家」では、「開物成務」という家訓が伝わっています。人々の知識を開いて、世の中の事業を成就させるという意味なのです。

　京都では、応仁の乱以降、大火や疫病、自然災害など途切れることなく、治安は乱れに乱れていきました。しかしその中で、街を復興させていったのは、**町衆の共同体・組織**でした。彼らは、強盗や野盗、組織的武力を持った戦国大名たちに対抗する共同体・組織を持ち、それが、祇園祭・山鉾の維持・管理を行うことにもなったのです。

大きな山鉾の出現

　祇園祭は、9世紀半ばに始まったとされます。最初は、大きな山鉾が出ることなく、霊を鎮めるための読経であったり、鉾（長い竿の先になぎなたなどがついている）を担いで練り歩く、競馬などいろいろな催しをしています。

　車のついた鉾や山が出てくるのは15世紀ころからで、室町時代の将軍は祇園祭の見学に出かけています。洛中洛外図は16世紀にはじまったものですが、16世紀後半、信長が謙信に送った上杉本洛中洛外図にはいくつもの鉾や山が描かれています。

　京都は応仁の乱や幾度かの大火で焼け野原になっていますが、それでも祭りは再建されています。京都は当時の首都であり、財政的・文化的蓄積が豊かであったと思われます。応仁の乱で焼け野原になり、30年間も祭りを行うことができませんでした。それでも1500年に30以上の山鉾が参加して行われました。

　山鉾の美術品には、絵画や彫り物、織物などありますが、織物の中には、世界で1つしかないものもあります。函谷鉾（イサクの嫁選び）・月鉾（メダリオン）・白楽天（トロイからの脱出）など超一級品もたく

さん置いてあります。山鉾町に行けば容易に見ることができます。ただ、古いものもあるので、複製されて展示されているものも多いです。複製品は、色などは新品同様に仕立ててあるので、原初の美しい姿を見ることができます。長刀鉾の「玉取獅子」の図は獅子が球を取り合ってじゃれている光景でユーモラスな構図です。

世界に一つしかない織物が京都の山鉾町に

　長刀鉾の大きな星模様の絨毯は、オランダ生まれヤン・ステーンの絵の中に描かれていますが、絨毯として使われていたので、消耗が激しく、ヨーロッパには現存していません。しかし、美術館の梶谷宣子研究員が撮影した写真を見た美術専門家が「これは世界中で探していた幻の絨毯だ」と指摘して、幻の作品であることが判明しました。作品は対になっていて、一つは、梅の樹の構図、もう一つは、幾何学文様です。

機会があれば、この2つの絨毯を見に長刀鉾に行ってみましょう。

函谷鉾「八星メダリオン草花文」奇跡の絨毯
かんこぼこ

　「八星メダリオン草花文」はインド産です。17世紀中期、暑いインドでは、絨毯を作る必要はありませんでした。遊牧民を先祖に持つムガール王朝のインド侵略以降作られるようになったものです。

　絨毯は、トルコやペルシャ（現イラン）で作られていたもので、頑丈

厚手でした。インドで作られるものは、農耕民のやさしさや温かさを持っていますが、機能面は弱いようです。

　オランダ画家が十数点描いているので、このようなものが生産されていることはわかっていましたが、絨毯として使用されていたため、消耗が激しく西欧には、一つも残っていないそうです。

世界各国の主な出来事と各山鉾の有名な織物・特色

14世紀 1333年鎌倉幕府滅亡 1368年義満時代	15世紀 1467〜1477年応仁文明の乱	16世紀 1500年　祇園祭再開 信長叡山焼き討ち以降 祇園祭は式日通り
		1526〜1858ム ガール帝国
	1492年コロンブス アメリカ大陸へ	蘭は毛織物生産地、白は西から独立1579年、蘭も1581年に、また、西の無敵艦隊は英に敗北
		鯉山の前懸け（白、16cトロイア王プリアモスと王妃カペーの祈り） 白楽天前懸け（白、16cトロイア陥落図、大津祭の月宮殿山見送りらと分ける） 函谷鉾前懸け（白、16c旧約聖書「イサクに水を供するリベカ」

国名略記（白はベルギー）（西はスペイン）（蘭はオランダ）（英はイギリス）（印はインド）
参考文献　祇園祭山鉾懸装調査報告書1992年、祇園祭山鉾連合会発行

17世紀 1600〜江戸幕府 1613全国禁教	18世紀 商業発達 町人台頭	19世紀 近代の幕開け 1868年明治時代
ムガール様式の文様（メダリオンをあしらった中東連花文が多数）	ヨーロッパ諸列強 アジア侵略	1840年、英はアヘン戦争で中国に進出
1600年東印会社 英アジア進出	18ｃ英　産業革命 （大量生産） インドは英の商品市場	1877年英は、インドを直轄支配
月鉾前懸け（パキスタン、17ｃメダリオン中東連花葉文様、この文様のラホール産絨毯は世界に一つ 南観音見送り（ムガール、17ｃ末、円紋花畳文 霰天神前懸け（白、16ｃ出陣するヘクトルの妻子との別れ） 函谷鉾後懸け（ムガール17ｃ八星メダリオン草花文	放下鉾胴懸け（ムガール、18ｃ中東連花葉鉾先文） 北観音山胴懸け（ムガール18ｃ斜め格子草花文） 保昌山見送り（日本18ｃ福禄寿星図　綴れ織り）	淨妙山胴懸け（ラクダに乗る人とピラミッドイギリス産19ｃ人物像を描いている） 橋弁慶胴懸け（日本、19ｃ　葵祭を描く）

祇園祭の見学をしたかった室町幕府の人たち

　先に見た義晴もそうですが、将軍は巡行を見に行っています。記録にはない場合もあります。将軍が見に行けば、将軍を迎える方は桟敷を作って大変だし、将軍は手ぶらでは行けず、それなりの配慮をしなくてはなりません。その財すらない将軍は、表舞台で見学することはできません。ただ、忍びで行くことはしたようです。

　義晴は、細川政元の時に、延暦寺中止要請を無視して実施しているのを知っていて、自分もしてみたいと思ったのかもしれません。

 ## 鉾の構造について４つの疑問

疑問①　ブレーキがないのにどうして止めるのか。
➡①かぶらと呼ばれるかぶら型の木製品、または、五角柱の「うま」という
　木製品を使って止めます。
疑問②　30mもある柱（真木という）を
鉾の中心にどのように、はめ込むのか。

疑問①車を止める五角柱の道具「うま」。
少しだけ曲げたいときは「かぶら型」道具を使う。

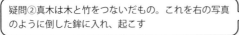

疑問②真木は木と竹をつないだもの。これを右の写真
のように倒した鉾に入れ、起こす

中世の京都の様子及び疫病平癒疫神除去の祀りの背景については、脇田晴子『中世京都と祇園祭—疫神と都市の生活』（中公新書、1999年）を参考にしました。また、河内将芳氏は中世の専門家で、祇園祭も含めて、幕府・民衆・延暦寺・日吉神社などやその相関関係について詳しく述べられています（河内将芳『改訂　祇園祭と戦国京都』法蔵館文庫、2021年ほか）。京都国立博物館の名誉館員下坂守氏の「中世の人々・延暦寺・寺社・室町幕府・土一揆」をキーワードにした講義や下坂守『京を支配する山法師たち—中世延暦寺の富と力』（吉川弘文

疑問③　鉾の町内の道路には、四角い穴が設けられ、鉾立の時使われます。一度探してみましょう。普段は、穴の上に蓋がされています。
疑問④　鉾の上には、囃子方が20〜40人乗るが、倒れないように、どのような仕掛けがあるのか
☛石持と言われる数百kgの木の重しを２つつける。

疑問③道路にある杭

疑問④石持ちといわれる重しの木

館、2011年）などを参考にさせていただきました。

　また、下間正隆氏が『イラスト祇園祭』（京都新聞出版センター、2014年）で祇園祭を紹介されています。とてもわかりやすいイラストです。

　P125で紹介しているようにグループに分かれて山鉾の配置地図を作り、実際に見て歩くと、より実感できると思います。

> **一口メモ**　筆者は四条室町の月鉾町に住み祇園祭の囃子方として参加していました。月鉾では、1951年車軸に車を入れるとき、車軸を傾向かせすぎて、倒れたことがあります。その時の町会長が筆者の父親で、大変でした。けが人はなくてよかったです。

前祭・主な山鉾を見て楽しもう

作業1　次の山鉾の名前を**別紙**の前祭順路・地図のカッコ①〜⑫の中に記入してみよう。

作業2　作業1でカッコの中に入れた山鉾を順につなぐと、これから歩くコースになります。

①**長刀鉾**：山鉾の巡行順は、長刀鉾など籤取らずの鉾もありますが籤引きによって決まり、巡行当日四条堺町で籤改めが行われます。先頭を行く長刀鉾には、生稚児が乗っていて、麩屋町通りに張られた注連縄（しめなわ）を切り落とし、神の領域に入っていきます。

②**函谷鉾**：旧約聖書創世記24章（イサクの嫁選び）の場面が前懸の図柄です。

③**鶏鉾**：前懸　ＢＢタペストリー16世紀、叙事詩イーリアスから「出陣するヘクトルの妻子との別れのようす」は、霰天神山前懸、長浜祭鳳凰山見送りらと分割したものです。

④**白楽天山**：ＢＢタペストリー「トロイア陥落図」。

⑤**岩戸山**：前祭のしんがりを務める。人を乗せ、車で引く曳山。

⑥**船鉾**：神功皇后が朝鮮半島に出陣する船です。船首に想像上の鳥 "金色の鷁（げき）" が飾られています。

⑦**綾傘鉾**：病根退散の棒振り囃子が行われます。

⑧**郭巨山**：孝行物語「釜堀山」。

⑨**蟷螂山**：からくりでカマキリを動かします。

⑩**あられ天神山**：ベルギー産「出陣するヘクトルの妻子との別れ」。

⑪**放下鉾**：芸能をしながら、仏教を説く放下僧の鉾。

⑫**月鉾**：前懸のメダリオンは色鮮やかで美しい。「中東連花葉文様・ラホール産の絨毯」は、世界中でこの1点しか残っていない貴重なもの。

その他、丸山応挙の「金地彩色草木図」、左甚五郎の「兎」、岩城九衛門の「源氏物語五十四帖絵」など。

　この季節は、暑いだけでなく、京都の夏は蒸すのでサウナ状態です。一度に多く見ることは不可能です。あまりジグザクしないで歩けるコースを考えてみました。このコースぐらいを基準にして、コースを考えてみてください。保昌山は、少し離れたところにあります。和泉式部が登場します。地下鉄五条で降りて行かれたらよいと思います。

問題　この図でどのようなことに気づかれますか。まず、どの通りに集中していますか。

➡南北では、新町通り。ここには、大商人三井・伊藤（松坂屋の前身）・茶屋四郎次郎などがいました。

　戦国時代、京都は、上京と下京に分かれていて、上京は公家など、下京は商人など町衆が集まっていました。下京の町衆が中心となって祇園祭をしていましたので、当時のメインストリートである室町や新町通りに山鉾が集まっていて当然でしょう。今はその名残が色濃く残っています。

後祭・主な山鉾を見て楽しもう

作業1　次の山鉾の名前を**別紙**の後祭順路・地図のカッコ①～⑪の中に
　　　　記入してみよう。

①**大船鉾**：前祭の船鉾が"出陣"の船、それに対し大船鉾は"凱旋"の
船。

②**南観音山**：暴れ観音と言い、宵山に観音様を台の上でゆする奇習。

③**北観音山**：胴懸け、斜め格子草文様、18世紀インド製、農耕民作成。

④**八幡山**：ご神体の騎馬像は運慶作、2羽の鳩は左甚五郎作。

⑤**鷹山**：2022年から復帰、鷹狩がテーマ。

⑥**役行者山**：役行者が一言主神を使って、大峰山と葛城山に橋をかける。

⑦**鈴鹿山**：女神の鬼退治山。

⑧**黒主山**：大伴黒主（平安時代の歌人）が見上げる桜。

⑨**淨妙山**：胴懸け、ラクダとピラミッドの絵、イギリス製、産業革命大
量生産。

⑩**鯉山**：ベルギー産タペストリー。

⑪**橋弁慶山**：胴懸に丸山応挙下絵の葵祭の絵、綴れ織り、籤取らず。

　できれば、最後に六角堂（紫雲山頂法寺）へ行ってみてください。こ
こは京都のへそと言われるところで（へそ石が境内にあります。探して
みては）、京都の中心になります。寺の機能もありますが、町衆が寄合
するところ、公民館的な機能があったところです。応仁の乱後、山鉾の
進行順を決める籤取りも、ここで行われるようになります。

後祭の特色と見学順路

　後祭は、2022年から復帰した鷹山を含めて、11基です。①～⑪まで順
番にたどってください。新町の四条下がったところに、大船鉾がありま

すので、ここから出発して、北へ向かうのがいいと思います。後祭は、山ばかりですが、特色のあるものが多いです。

六角堂での籤取り資料（祇園御霊会細記所載）

グループワークを利用した山鉾探索

グループワーク"祇園祭への誘い"

　祇園祭は、応仁・文明の乱の混乱で30年の休止を余儀なくされますが、1500年に再興されます。その頃になると、日本の経済規模も大きくなり、町衆の力も大きくなってきます。山鉾は大型化し、豪華になってきます。現在は、それから500年経つわけで、祇園祭は随分長い歴史を持つ祭りといえるわけです。

　さて、ここでは楽しく山鉾の位置や素晴らしさを知りたいと思います。教室の話だけでは不十分なので、一つの問題を皆さんのグループで解決をしていただき、一枚の祇園祭山鉾の地図を作っていただきます。

課題：これは７月14日の話ですので、前祭の山鉾についてであります。

太郎君は、祇園京子さんから祇園祭の案内図をもらいましたが、ところどころぼやけています。わかっている情報がいくつかありますので、それらを組み合わせて、山鉾配置図の（　　　）の中に、山又は鉾の名前を書いて地図を完成して、太郎君に渡してあげてほしいのです。太郎君は今、四条烏丸の北東角の三井ビルの前に立っています。

太郎君は40分後に出発する予定です。
情報は、封筒に入っています。

実施の方法とルール

　情報カード（P128、129）は全部で22枚ありますので、人数に合わせてトランプのように配ってください。20人の人が参加する場合、6人のチームと7人の2つのチーム合計3チーム（ABC）を作ってください。参加人数によって、カードの配布枚数を適宜決めてください。

　ABCのそれぞれのチームで、情報カード22枚を配ってください。6人のチームでは、情報カードを3枚もらう人が2人、4枚もらう人が4人となります。

　他の人には見せないでください。他の人には、各自が持つ情報を口頭で説明してください。情報は、配られた白の用紙に適当にメモしていただいても結構です。太郎君に渡すのは山鉾配置図だけです。

　この課題は、京都の地図を全く知らない人を対象に作ってあります。また、京都を知っている人は、その知識を存分に活用してくださって結構です。解答はP130をご覧ください。

グループワーク 祇園祭への誘い

前祭　山鉾配置図

情報カードの情報をヒントに下の地図を
完成させましょう。
四条通りには赤線を引いてみましょう。

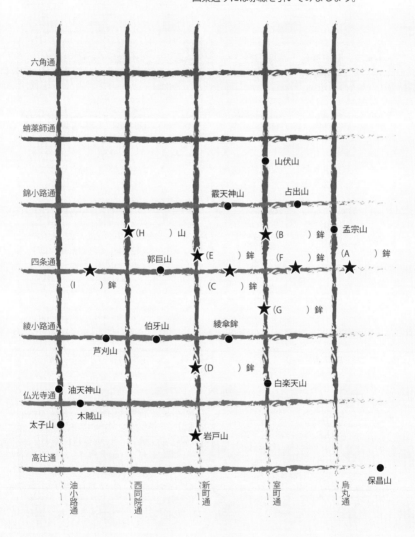

グループワーク 祇園祭への誘い

情報カード

このページを拡大コピーしてカードを作ってください。
四条通りには赤線を引いてみましょう。

---

1 四条通りは、東西に延びています。烏丸通りは南北に走っています。四条通りの交差点は、この二つの通りがクロスしたところです。

2 三井ビルを少し東に行くと祇園祭りの先頭を行く長刀鉾が見えます。

3 LAQUE ビルから少し西に歩いて、南北に伸びる通り少し北へ行くと茶人として有名な竹野紹鴎が好んだ菊乃井跡があります。それは通りの東側です。

4 この鉾は動く美術館と呼ばれ、丸山応挙の草木図、左甚五郎の兎、岩城九衛門の源氏物語五十四帖図などの作品が見られます。池坊短期大学の北門近くです。

5 この鉾は神功皇后が懐妊中にもかかわらず、陣中で崩御した仲哀天皇に替わって出陣し、凱旋後無事出産したことから安産の守護として霊験があります。この鉾は出陣の鉾で、もう一つの鉾は、後祭りの凱旋の鉾。烏丸から西へ2つ目の通りを南下し、一筋目と二筋目の間にあります。

6 四条烏丸の交差点に立つと北東角には三井ビル、南西角には三井信託銀行、北西角にはLAQUE、南東角には三菱UFJ銀行が見えます。

7 LAQUE から西に向かって2つ目の通りをほんの少し北へ行くと放下鉾が見えます。

8 籤取らずで、鉾としては2番目の巡行順のこの鉾は烏丸から西に少し行ったところに位置します。前懸けは重要文化財で、旧約聖書の図柄です。

9 中国の堯帝時代天下が大いに収まり、政治に不満があるとき叩かせたという太鼓に訴えるものがいなかったので、静かで鶏も安心して巣をつくった、という故事に因んでいます。菊水鉾と四条通りを挟んで南に位置する鉾です。

10 4つの鉾が四条通りと室町通りの交差点に東西南北に位置する。4つは月・鶏・函谷・菊水の各鉾です。

11	室町通りは室町時代のメーンストリートで、南北にのびる通りです。烏丸通りの一つ西にあります。	12	新町通りの西にある西洞院通りを少し北に行ったところです。からくりでカマキリを動かすトウロウ山があります。
13	四条の西洞院通りを少し西に行ったところです。棒振り踊りを披露する四条傘鉾があります。	14	東横インホテルの西隣に鉾の保存会の建物があります。生稚児を乗せる唯一の鉾です。
15	三井ビルの東隣には、地下鉄「出口 20 番」があります。	16	池坊短期大学は、烏丸から西へ一筋目と二筋目の間にあって、北門は四条通り、東門は、室町通りに面しています。
17	烏丸通りを南下すると京都駅があります。	18	京都御苑は烏丸通りを北上して丸太町に来ると見えてきます。
19	八坂神社は太郎が立っているところから東の突き当りにあります。	20	各山鉾は、道路上に建てられるので、車は通りにくくなります。
21	長刀鉾より東には、保昌山を除いて山鉾はありません。 （保昌山は東洞院にあります）	22	LAQUE は烏丸通りにも面しています。

グループワークをして 40 分後、（ただし、10 分後でもよい）に解答を示してください。

前祭 山鉾配置図 解答

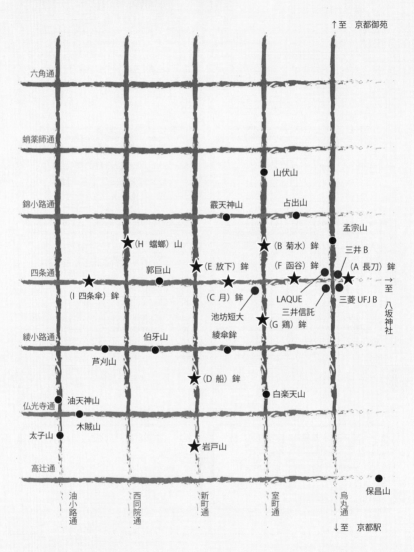

↑至 京都御苑

六角通

蛸薬師通

錦小路通

山伏山

霰天神山

占出山

孟宗山

★（H 蟷螂）山

★（B 菊水）鉾

三井B

郭巨山

☆（E 放下）鉾

（F 函谷）鉾

★（A 長刀）鉾

四条通

★

★（C 月）鉾

LAQUE

三菱 UFJ B

→至

（I 四条傘）鉾

池坊短大

三井信託

八坂神社

★

伯牙山

綾傘鉾

★（G 鶏）鉾

綾小路通

芦刈山

★（D 船）鉾

白楽天山

仏光寺通

油天神山

太子山

木賊山

★ 岩戸山

高辻通

油小路通

西同院通

新町通

室町通

烏丸通

保昌山

↓至 京都駅

清水寺

2022年3月22日

京阪清水五条➡松原通り（途中六波羅探題跡六波羅蜜寺・六道珍皇寺など）➡清水寺・地主神社➡鳥辺野（所要時間3〜4時間）
※松原通りは（E9）を参照

ねらい 京都で一番たくさんの人が訪れる寺は清水寺です。それはなぜか考えてもらうのがねらいです。

　清水寺に多くの人が集まるのはなぜでしょう。京都の町が一望できるから、または、大きな木造のユニークな舞台があるからでしょうか。あの舞台の後ろには、清水寺の守護神社の地主神社が接しており、山が迫っていて、押し広げることができないため、しかたなく、前に木造を組み立てて、舞台を作ったものなのです。なかなか立派な木造舞台で、洛中洛外図でも目を引きますね。

　清水寺は坂上田村麻呂の私寺から始まったもので、日本の仏教史からいうと法隆寺のような本筋にあたるものではありません。当時の政府は、東北の蝦夷地の征服を目指し、田村麻呂を征夷大将軍として軍勢を派遣していました（797年）。この時、田村麻呂と清水観音との逸話があります。蝦夷大軍に囲まれた時、「わが信じる清水観音何とぞこの蝦夷の大軍を打ち破らせ給え」と念じると、奇跡が起きて、清水の地蔵菩薩・毘沙門天が現れ

仁王門から見た愛宕山。清水寺に上がってきた人はまず、ここから京都の町々を眺めた

檜舞台を支える木構造。高さ13m

　て、蝦夷軍に矢を射かけて追い払ってくれたというのです。清水寺の本
尊は千手観音、脇侍は地蔵菩薩・毘沙門天（普通は、婆藪仙人と地蔵菩
薩）です。

　田村麻呂の活躍で、清水寺は、田村麻呂の私寺から「国家鎮護の寺」
に格上げされています。私寺の清水寺の木材は、平安京東寺・西寺に移
されています。

　京都は言うまでもなく、桓武天皇が京都に都を移したものですが、そ
の前に、奈良の都で、僧侶の勢力が大きくなりすぎたということがあり
ました。

　もともと日本の仏教は国家と結びついて発展してきました。その代表
的な東大寺は、全国66か国に設けられた国分寺の総元締め「総国分寺」

に任じられていました。僧侶になるには、東大寺で認可を受け、それで初めて僧侶として認められ、国家公務員になれたわけです。日本の僧侶は、個人に寄り添うのではなく、国家の鎮護を祈願する役割を担ってきました。

時の政権を担ってきた孝謙（称徳）天皇は寵愛する道鏡を天皇に召し上げようと考えました。この事件は、和気清麻呂らの機転で事なきを得ましたが、称徳天皇の跡を継いだ光仁天皇そしてその子、桓武天皇は、奈良の都を離れるという選択をとらざるを得ませんでした。まず、京都盆地の西、長岡に都を設けましたが、洪水などでうまくいかず、わずか10年で長岡から少し北の京都盆地北部に平安京を794年に作りました。

桓武天皇は、新しい都を作るに際して、基本的には寺を設けないことにし、わずかに東寺と西寺を玄関口に設置することにとどめました（796年）。清水寺は洛外の東山に田村麻呂の私寺としてあるという状況でした（東山は、洛外で平安京の中というわけではありません）。奈良の都に置き去りにされた寺は、新しい都の政権に影響力を持ちたいと思っていました。特に興福寺は、藤原氏の氏寺であり、大きな力を持っていました。朝廷に不満があるときは、春日社の神木を担いで京都に乗り込んできました。京都においても、祇園社を一時その支配下に置いていました。その後、興福寺と延暦寺は争い祇園社は延暦寺の支配下になりますが、この当時は、神社と寺は一体でした。比叡山延暦寺は坂本の日吉神社と一体であり、祇園社は京都における出先の位置づけで、延暦寺の末寺ともいえる立場でした。つまり、京都の東山では、祇園社と清水寺が**延暦寺と興福寺を背景にして、勢力を競う構図**にあったわけです。

清水寺の宗派は、興福寺の外部塔頭で、当初南都六宗の一つ・法相宗で、平安時代に真言宗兼宗となり、明治の初期に真言宗になりますが、また、法相宗に戻ります。しかし、1965年**大西良慶管長の時、北法相宗という興福寺から独立した形**になり、現在に至っています。長い年月の

間に目まぐるしく宗派が変わってきたわけです。

　鴨川の旧五条（現松原）橋から出発して、なだらかな坂道をのぼり、途中で湯茶などを口にしながら、清水寺に到着し檜舞台に上ると、眼下に京都の町が遠くまで広がっているのを見ることができます。京都の人たちは、千手観音様を拝むことも大事だが、"景色の素晴らしさは何物にも代えがたい"と思ったのでないでしょうか。

　これは現在でも変わらない清水の魅力だと思います。

できれば、帰りは、京都最大の墓地、古代から京都民の葬送の地である鳥辺野を通ると葬送の地を実感できます。

清水寺　南の葬送の地 "鳥辺野"
　２万基の墓、松原通りの登り口が六道でここはまさに
　葬送の地の一角

E9 松原通り界隈

2016年2月24日

年間

まち歩きコース 京阪五条駅集合➡松原橋（旧五条橋）➡旧平家一門の中核地➡河合寛次郎記念館➡方広寺・豊国神社・鐘楼・大仏跡（所要時間3〜4時間ぐらい）

ねらい 京都の人たちは旧五条（現松原）通りを通って清水に向かいました。当時最も多くの人が行き来するところだったと思います。それがどんな風情だったのか復元することを狙いとします。

新旧五条橋（上流が旧五条で現松原橋）

　松原通り（旧五条）と鴨川が交差するところに立って、中世の京都の人々は、鴨川を渡ると都を出ることになり、南に向かうと伏見に向かう。また、東に向かうと東国への街道に通じる。松原通りをそのまま進むと清水寺に向かう。松原橋は、公の橋ではなく、橋を渡る人々の浄財によって成り立つ橋でした。橋は、洛中から中州にわたり中州から対岸にもう一つの橋が架かっていました。中州には、大黒堂があって、僧侶が柄杓を差し出しています。これは、お金を恵んでくださいというのではなく、橋の浄財をという意味です。

　松原通り（元五条通り）は、清水寺の参道であり、都の外へ出る出入り口にあたるところで、人の行き来が多く、多くの寺が建っていました。禅宗で風神雷神図で有名な建仁寺、小野篁で有名な六道珍皇寺、平家の拠点があった六波羅蜜寺など平家の名残が町名に多く残っています。北・

西御門町、弓矢町、池殿町などで、これらを探してみるのも面白いですね。また、幽霊子育て飴の店に寄るのもおすすめです。

松原通りには、人の行き来を目当てに、室町末期には、お茶やお酒を提供する屋台も出ていたようです（今谷明『京都・1547年－描かれた中世都市』平凡社、1988年）。

今回は、清水寺に向かわず、南に進みます。ここには、世界的に有名な美術工芸作家の河井寛次郎の記念館があります。登り窯もそのまま残っているので、寛次郎の制作場の

寛次郎ゆかりのものが見られる

雰囲気をそのまま味わうことができます。

みなさんは「正面通り」って知っていますか。豊国神社から千本通りまで1.6kmの東西の通りです。秀吉は死んだ後、神として豊国神社に祀られます。その神社前の通りを指しています。豊国神社の北にある方広寺には、東大寺の3倍の大きさの大仏がありましたので、その大仏の前の通りと言われることの方が多いです。正面通りは、千本通りまで、まっすぐ行けず、途中渉成園や西本願寺でとぎれとぎれになっています。

（左）賀茂川を通る正面通り、豊国神社や大仏の
　　　正面の通り
（右）方広寺鐘楼事件「国家安康」「君臣豊楽」

幽霊子育て飴

　1599年のある晩、六波羅蜜寺の
すぐそばにある、みなとやの店主が
店終いをしようとすると女が現れて
飴を一つ買っていった。翌日の晩も
飴を一つ買っていく女。不審に思っ
た店主が後をつけていくと墓場でそ
の姿は消えた。と、お墓の下から赤
ちゃんの泣き声が聞こえてくる。寺
の住職と掘り返すと女の遺体とその横に、飴をなめている赤ちゃんが
いた。身ごもったまま亡くなった女が、死後に生まれた赤ちゃんのた
めに、幽霊になって飴を買っていたというわけだ。その飴はいつしか
「幽霊子育て飴」と名付けられ評判になった。この地域は、葬送の地"鳥
辺野"に接し、多くの寺が見られる地域なので、このような話が生ま
れるのかもしれない。この赤ちゃんは、飴屋で育てられ、やがて、立
本寺の貫首（日審上人）となった。

六波羅蜜寺

小野篁冥土通いの井戸案内

三十三間堂と妙法院

2019年9月26日

京阪七条駅集合➡三十三間堂・法住寺・（養源院）➡ランチ➡
妙法院（所要時間3時間くらい）

ねらい
1 三十三間堂を取り巻く後白河上皇・清盛・妙法院などの関係。
2 三十三間堂の観音信仰などを考える。

　2022年のＮＨＫ大河ドラマは、「鎌倉殿の13人」でした。鎌倉の源頼朝に対して京都側には、後白河院（1127～1192）が登場します。ドラマでは、西田敏行が老獪な政治家を演じて、政敵を振り回す役柄です。木曽義仲を持ち上げるかと思いきや、義経を重んじ、頼朝と対立させる。いかにも狡賢い上皇の設定です。上皇がどんな人物であったか、詳細はわかりませんが、上皇と平清盛（1118～1181）の関係を見ると、清盛を表舞台に引き上げるが、両者はときには協力し対立し敵対し、ついには、清盛は鳥羽院に後白河院を閉じこめます。平安末から鎌倉初期においては、鎌倉トップの頼朝・頼家・実朝が次々に死あるいは殺されることがまさに象徴的で、まことに不安定な世の中でありました。

　　上皇：位を譲った天皇、　法皇：出家した上皇。

　　院政：上皇が自分の子孫にあたる天皇を補佐する形で権力を握る政治。

　さて、後白河院が蓮華王院（三十三間堂）とどのような関係を築いていったのか、見てみましょう。

後白河院と三十三間堂と妙法院

　1158年、後白河院は七条鴨東に、北殿、西殿、南殿と広い空間を作り、南殿に自分が住む法住寺を作りました。また、この西側に蓮華王院

（三十三間堂）を清盛に寄進させたのです。

　さらに後白河院御所の鎮守社として日吉社を勧請して、新日吉神宮を作りました。この初代別当（責任者）に任命されたのが昌雲です。後白河院の護持僧で妙法院16代座主でした。この妙法院は初代座主が最澄で、ここの座主から多くの天台座主を出している、天台３門跡の一つです。

　妙法院は、観光客があまり訪れない寺ですが、訪れてみると寺の隅々まで綺麗に整頓されていて清々しい気持ちになります。この寺には、国宝になっている庫裏があり、中に入らずに外から眺めることができます。広くて天井が高く、がっしりした建て方で圧倒されます。

　1595年、秀吉による方広寺の大仏殿が完成したとき、千僧供養を大仏経堂で行いましたが、この大仏経堂が妙法院に所属しており、食事の準備を妙法院の庫裏で行ったようです。

妙法院の庫裏は大改修中。
一般公開は2027年頃の予定

蓮華王院も飲み込む妙法院

　1615年、徳川家康は豊臣を倒した後、妙法院に方広寺大仏、三十三間堂、新日吉社を妙法院の直轄支配にしました。これによって妙法院と三十三間堂は一体化しました。

　妙法院門主が方広寺住職も兼ね、蓮華王院、新日吉社も兼帯する大寺院となりました。これで、妙法院・蓮華王院・後白河院の３つが密接につながっていたことがわかりましたね。

平安時代末から鎌倉初期の観音信仰

　この頃は、武士が台頭して、貴族が没落し世の中が混沌としていきますが、さらに地震・大風・干ばつなどの自然災害、疫病、飢饉が重なって、都だけでも4万人以上の人が亡くなったことが追い打ちをかけました。

　人々は神や仏に何とかすがりたかったと思われます。観音菩薩信仰は、もともと現世利益的なことがありましたが、現世利益に加えて、人々の精神的苦痛を救い、来世は浄土へと導く現来二世の利益を兼ね備えた菩薩として崇拝するようになりました。

　後白河法皇は観音信仰に興味を持ち平清盛に命じて（清盛側からは寄進）、1001体の観音様が安置される蓮華王院を作ったのです。千手観音は40本の手を持ち、一本の手は25の世界を救うもので、合わせて1000＝無限の世界を救う、洩らすことなくすべての人を救うありがたい観音様です。蓮華王院では、中央に丈6（約3m）中尊と呼ぶ千手観音座像、その周囲に1000体の千手観音立像が配置されています。

　それだけではなく、観音様を守る二十八部衆が配置されています、梵天・帝釈天などよく知っているものもありますが、婆数仙人などあまり知らなかった像もありました。また、風神雷神像は左右に設けられていて、この像は、二十八部衆に入らないので、合わせると30になります。観音様だけでなく、28部＋2にも焦点を当てて拝観することをお薦めいたします。

　養源院は法住寺と並んでいます。徳川秀忠の御

蓮華王院（三十三間堂）

台所のお江が父親浅井長政を祀るために建てた寺です。こじんまりして
いますが、石畳みが印象的で落ち着いた感じがします。
　少し足を延ばして教科書などには、しばしば出てくる長講堂も訪れて
みましょう。まち歩きで六条の河原が葬送の地であったと話していて、
そのあと冨小路で、この寺に偶然出会い、感激したのを覚えています。
長講堂は後白河法皇が仙洞御所に営まれた持仏堂です。1578年に現在地
に移ってきました。

長講堂

泉涌寺と豊国廟太閤坦

年間

2017年6月21日

まち歩き
コース　東福寺駅発➡泉涌寺➡一条天皇皇后定子鳥戸野陵（7人の皇后が
埋葬）（所要時間2時間ほど）

ねらい　皇族の葬送の地・鳥戸野と秀吉の豊国廟太閤坦の紹介です。

　泉涌寺は一口で言うと皇室の菩提寺です。1226年月輪大師 “俊 芿”
が主要伽藍を完成。その時、寺の一角から清水が出たので泉涌寺と改め
ました。後鳥羽上皇や多くの皇族などが受戒し多くの葬儀がここで行わ
れました。江戸時代、後水尾天皇から孝明天皇まですべての天皇、皇妃
の御陵もここで造営されました。まさに、皇室の菩提寺（御寺）です。

鳥辺野と鳥戸野の違い

　秀吉の**豊国廟太閤坦**が阿弥陀ケ峰にありますが、この北を鳥辺野とい

豊国廟太閤坦

い、大谷墓地などを中
心に庶民の葬送の地に
なっています。阿弥陀
ケ峰の南地区は、高貴
な人の葬地なのです。
泉涌寺は南の地区に
あって、高貴な人たち
の葬地の中核になって
います。一条天皇皇后
定子鳥戸野陵には、醍

豊国廟から見た清水寺。豊国廟の北の樹木が少し伐採され、京都の
清水寺の舞台が見えるようになりました（2023年1月）

醍天皇皇后・後朱雀天皇皇后・後冷泉天皇皇后らが埋葬されています。
南北合わせて鳥部野（とりべの）といっています。

　豊国廟には京都女子大学からまっすぐ山手へ登ります。わかりやすい
ですが、階段が600段ほどあり、かなりきつかったです。ゆっくり登れ
ば大丈夫です。頂上では北の樹木が伐採されて、清水寺は眼下によく見
えます。

【下見の失敗談】泉涌寺の舎利殿の写真を撮ろうとして、バランスを崩
してコンクリートに頭をぶっつけ、頭を押さえるとだらだらと血が流れ、
本人がびっくり。事務所に駆け込んで、救急車を呼んでもらい、お隣の

第一日赤に運んでもらいました。お医者さんは、「血は流れているが、髪の毛で、皮膚は直接的には切れておらず」と「ゲンダシンあげるから塗っておきなさい」で終わり、よかったよかった。

　境内の通路の一部が坂になっていて、建物を撮影しようとしたとき無理な体勢になってバランスを崩し、コンクリートに埋め込んである石に直接頭をぶつけてしまったようでした。皆さんも注意してください。

第5章

京都南・その他地域
（S地域）

延暦寺

2015年8月25日

年間

滋賀

京阪出町柳駅→叡山ケーブル八瀬駅→比叡山頂駅→延暦寺（シャトルバスで3塔めぐり）→休憩所でランチと講義→比叡山頂駅→八瀬駅→出町柳駅

ねらい 延暦寺は寺というより大きな領域を持ち、多くの兵を有する大名のような存在であったのか、3塔を巡り延暦寺の大きさを実際に感じることを狙いとします。

祇園祭の開催に暗い影を落とした延暦寺と日吉大社

　この日は台風の影響で、坂本に降りることはできませんでしたが、坂本へ降りると比叡山と坂本＝日吉大社との関係がわかっていいと思います。古代から現在に至るまで、比叡山の僧侶の多くは、坂本で生活しておられます。日吉大社と比叡山とは非常に濃い関係にあります。ケーブルもありますので、両方を訪ねてみてください。

　祇園祭は、延暦寺によってしばしば延期に追い込まれました。これは、祇園社のトップが延暦寺関係者であったことからもわかる通り延暦寺の影響を受けやすいのです。日吉社は祇園社の本社で、祇園社は出先です。もし本社の日吉社の祭りが遅れている場合、祇園社は日吉社に先んじて行うことは許されません。もし実施すれば、延暦寺が実力行使に出る恐れがあるからです。

　この日は、台風の影響で、ケーブルの運転を心配していましたが、何とか登れました。シャトルバスで3塔巡りを初めてしましたが、やはり比叡山は広い。麓の坂本を含めると随分広い土地があります。やはり足で確かめることが大切です。春先に来たことがありますが、その時は車

でしたが靄がかかっていて、前方がほとんど見えず、事故が起こらないうちにと早々に帰りました。京都にこんなに近いところなのに、山奥に来たような天気模様で、比叡山の自然の厳しさを感じました。最澄は自然の厳しさを修行条件の一つとして選んだと思われました。

　ところが、私が説明している間に、風の向きが変わったので、ケーブルが止まったという案内が張り出されました。しかたないので、説明を続けていたところ、奇跡的なことが起きて、台風の風向きが変わって、東向きになりました。いままでケーブルは西からの台風の風をもろに受けていましたが、ピタッととまりケーブルが再開されたのです。

　この日は、台風の影響で、雲の様子が異様で、ものすごく幻想的な琵琶湖の景色が見られたり、ケーブルカー運航に驚かされたりしましたが、終わってみれば、なかなか印象深い１日でした。

　東塔、西塔、横川の３か所をすべて歩くのは無理でしょう。東塔と西塔なら近いので、シャトルバスをうまく利用しながら、３塔を巡られることをお勧めいたします。

　延暦寺は真言宗の東密に対して台密といい、当時の朝廷の期待にそうよう密教を取り入れました。

　延暦寺の中核である根本中堂を訪れた時、私たちの会員の方が根本中堂は、厳かで神秘的で人の心に入ってくる感じがするので、もう一度来たいと言われました。確かに根本中堂は明かりを落とし神秘的な雰囲気の中で行われています。法灯は最澄以来1200年一度も消えることなく、輝き続けていると聞くだけでその重さが伝わってきます。

根本中堂（写真：左氏富士雄）

羅城門から鳥羽離宮跡

2018年2月22日と3月3日

東寺駅➡東寺・羅城門・鳥羽作道➡東寺駅➡竹田駅・自然市場でランチ➡鳥羽離宮跡・鳥羽伏見の戦い跡➡城南宮➡安楽寿院・鳥羽天皇安楽寿院陵➡竹田駅（所要時間4時間程度、広いので、かなり時間がかかります）

ねらい 鳥羽離宮が広大な離宮であったことを実感する。

羅城門

　平安京は、中国の西安、洛陽をまねて、作った都市です。その玄関門が羅城門です。門だけで都市全体を塀で囲んでいたわけではありません。玄関があって、扉を開けるとその向こうには、幅80mの朱雀大路が4km先の平安宮ま

羅城門跡

で伸びています。その壮大さを見せたかったのでしょう。中国のように、外敵の侵入を防ぐためではなく、外国の賓客に見せるためだったのです。

　天智天皇の時代、外敵が来るのを予想して、瀬戸内海の山々に、山城が作られていました、それから考えると外国使節を意識して作られたのはうなずけます。門は重層で入母屋造、瓦屋根に鴟尾（しび）がのっていました。規模は、幅約35m、奥行約9m、高さ約21m。正面柱間が七間で、そのうち中央五間に扉が入り、左右の一間は壁であったと考えられます。ところが、羅城門は高さと幅に対して奥行が短いことから風に弱かったら

しく、816年、大風により倒壊しました。その後再建されましたが、980年の暴風雨でふたたび倒壊しました。それ以降、外国から使節もなく、作る必要もなくなったのでしょう。

　羅城門の南の道"鳥羽の作道"をまっすぐ行くと鳥羽離宮に到達します。海外からやってきた人たちは、鳥羽で下船して、まず、鳥羽の作道を羅城門まで、そのあと、朱雀大路を平安宮まで歩いたわけです。

　鳥羽は、今の交通事情からするとあまり便利とは言えませんが、当時は平安京が造られ、朱雀大路の南に新たな「鳥羽の作道」が造られ（10世紀前半にはあったという説に従えば）、鴨川・桂川河川や山陽道などの街道がある交通の要衝であったといえます。また、自然が豊かで狩猟や遊興の場として、貴族たちは別邸を作り、ここに集まってきました。

鴨川はこの当時、鳥羽離宮の南を流れていた。鳥羽離宮の津は鴨川をうまく利用して舟の出入りがしやすかったのではないかと思われます（鳥羽離宮の津の模型）

11世紀、藤原季綱は別邸を白河上皇に献上し、その後上皇は南殿など
の大規模な工事を行い、続いて東殿・安楽寿院を造営しました。さらに
12世紀の鳥羽上皇の代には泉殿をはじめとして増設が繰り返されました。
現在残っているのは安楽寿院や近衛天皇の多宝塔ぐらいです。とにかく
広いところで、西南にある南殿（鳥羽伏見の戦いの跡でもある）から東
に向かうのがいいと思いますが、かなり時間がかかります。
　鳥羽に設けられた"津"は鴨川と桂川の合流点になります。合流地点
の西側・桂川の右岸に12世紀、久我氏（源通親）の領地がありました。
曹洞宗で有名な道元（1200〜1253）もここで育ったのではと言われてい
ます。現在、鳥羽離宮跡や対岸に行くためには、自分の車で行くしか方
法がなく、どうしてこの地域に当時の有力者が居を構えたのか不思議
だったのですが、この当時は、舟の発着をこの地域で行っていたので、
交通のもっとも便利なところがここだったということになります。現在、
桂川・鴨川の合流地点に"**草津**"という津の名前が残っています。

島本・山崎

2015年10月21日

JR島本駅集合➡楠公公園➡水無瀬神宮➡三笑亭ランチ➡離宮八
幡宮➡大山崎山荘（所要時間3〜4時間　春秋は桜と紅葉で多く
の時間が要ります）

ねらい JR島本駅からJR山崎駅まで歩いて、歴史の節目ごとに登場する山崎を
確かめます。桜井の駅跡・楠木父子別れの像・水無瀬神宮・離宮八幡・山
崎津跡等。

　島本町桜井（JR島本駅前）には、楠木正成が子・正行と別れたとさ
れる楠公公園があり、そこには明治天皇の歌碑があったり、さまざまな
史跡があります。山崎から島本には、承久の乱で有名な三人の上皇・天
皇を祀る水無瀬神宮があり、東大寺荘園に因んで、東大寺の地名があり、
登窯跡もあります。戦国時代には、天下を決めた戦いの場である天王山
もあり、この場は時代の節目ごとに必ず登場する要衝でここを訪れる者
に歴史を感じさせる場所でもあります。

　高齢者の方ならご存じの方が多い歌『桜井の訣別』は『太平記』の名
場面、楠木正成と子・正行との今生の別れを歌ったものです。

桜井の訣別

1. 青葉茂れるさくらいの
   里のわたりの夕まぐれ
   木の下陰に駒とめて
   世の行く末をつくづくと
   忍ぶ鎧の袖の上に
   散るは涙かはた露か

2. 正成涙を打ち払い
   我子正行呼び寄せて
   父は兵庫へ赴かん
   彼方の浦にて討死せん
   汝はここまで来れども
   とくとく帰れ故郷へ

3．父上いかにのたもうも
　　見捨てまつりてわれ一人
　　いかで帰らん帰られん
　　この正行は年こそは
　　未だ若けれ諸共に
　　御供仕えん死出の旅

4．汝をここより帰さんは
　　わが 私 の為ならず
　　己れ討死為さんには
　　世は尊氏の儘ならん
　　早く生い立ち大君に
　　仕えまつれよ国の為め

5．この一刀は往し年
　　君の賜いし物なるぞ
　　この世の別れの形見にと
　　汝にこれを贈りてん
　　行けよ正行故郷へ
　　老いたる母の待ちまさん

6．共に見送り見返りて
　　別れを惜む折りからに
　　復も降り来る五月雨の
　　空に聞こゆる 時 鳥
　　誰れか 哀 と聞かざらん
　　あわれ血に泣くその声を

「桜井の訣別」作詞：落合直文・作曲：奥山朝恭　1899年（明治32年）

　　歌詞の内容は、一旦九州に逃げ延びた足利尊氏が大軍を引き連れて、都に攻め上ってくるのを、このままでは勝つことはできないと、楠木正成は天皇を一時比叡山に退避させ、そして都に入った尊氏を挟み撃ちにする策略を提案しますが受け入れられず、死を覚悟して湊川の戦に向かいます。11歳の息子正行を桜井から千早赤阪に帰らせます。その時の気持ちや状況を歌ったものです。

　　子別れの場所がなぜ桜井なのか。地図を見ると、桜井から真南に行くと金剛山の西麓、南河内の正行が帰る赤阪村に至ります。

　　桜井は交通の要衝ですが、この場合桜井にこだわったというより、赤阪村に帰る地理的位置から考えて、この場所が一番合理性があったのだと思います。

　　1934年大楠公600年祭が楠公公園で行われました。ＪＲの臨時の停車場（島本駅ができたのは2008年）が設けられ、盛大な記念祭が行われま

した。1934年といえば、日中戦争がはじまる前で、軍部が勢力を拡大していった時期と符合すると思われます。

東大寺の荘園がなぜ水無瀬に

東大寺が、水無瀬・山崎の地に荘園を作り、また登り窯を作った理由は何でしょうか。

東大寺から西国に向かうには、まず、木津川を北上しそのまま北に向かうと、巨椋池（大きな湖で、今は埋め立てられている）にぶち当たりました。巨椋池から西に向かうことになりますが、その巨椋池の西の端に近いのが山崎です。山崎は交通の要衝で、西国からの荷物を留めたりするのに好都合な場所です。木津川をまっすぐ北上せず、三山木を斜めに丘陵を横断すると淀川沿いに出ます。そして淀川を横断して対岸に達するところが桜井附近です。

登り窯では、瓦が生産されていたようで、東大寺の瓦を作ったかどうか確定されていませんが、東大寺所属の寺の瓦作ることは十分あり得ると思います。

水無瀬を愛した後鳥羽上皇と藤原定家

藤原定家は、最も有名な歌人の一人ですが、世に出てきたのは大変遅かったのです。定家の御子左家は、道長六男から発した名家でしたが、次第に衰退しつつあり、定家自身も子供の時の大病で身体は弱く、神経質でした。世に出るきっかけを作ってもらったのは、後鳥羽上皇でした。1200年に公卿たちに、第1回「百首歌」を命じ、その23歌人の一人に加えてもらうことになりました。このとき39歳、大変遅いデビューです。

林直道氏によると、自然の景色を詠みながら深々した感情の述懐を織り込む独特の抒情美が上皇の深い共鳴を得たのでした。定家は、異例の内昇殿も許されました。また、院御所「和歌所」の職員に抜擢されました。

ところが、新古今集の選択にあたって、上皇と対立します。それだけ

でなく、対立が増えていきました。1220年、内裏歌合せが行われましたが、定家は、亡母の祥月命日で欠席しようとしました。しかし、3度の呼び出しがあり、無理やり参内させられました。この後の歌会で、定家は次の歌を詠みました。

　「道のべの野原の柳下もえぬあわれなげきのけぶりくらべに」

　この歌に後鳥羽上皇は激怒し、定家は、「勅勘」を受け自宅謹慎の身となりました。後鳥羽上皇が激怒した理由は、一般的には定家が和歌で官位昇進の遅滞を訴えたことに対して後鳥羽上皇が怒ったといわれています。ほとんどの方はその解釈では納得されていないようです。二人の対立が新古今和歌集の選択から始まったことはすでに書きましたが、後鳥羽上皇は、定家がこの歌で東国武士との関係および三種の神器の剣を揶揄したことを見抜き、抜き刺しならぬ所へ来てしまったという研究者もおられます（杉浦一雄「後鳥羽院と定家「煙くらべ」の歌の真意」『千葉商科大学紀要』、1976年）。

承久の乱で配流に

　それからとんでもないことが起こりました。上皇によって承久の変が起こされたのです。鎌倉方の圧倒的な軍事力によって、上皇方はあっけなく負かされました。後鳥羽上皇は隠岐へ、順徳天皇は佐渡島に、土御門上皇は土佐に配流となりました。

　では定家はどうしたのでしょうか。定家は、前にお話ししましたように、上皇と対立状況にあったのです。息子の為家には、上皇の敵方である北条一族で時政の孫娘と結婚させています。順徳天皇とは、親しい間柄で、配流先にお供するものと考えられていたのに、見送りもさせませんでした。

　定家自身は、鎌倉幕府方の西園寺公経（この後太政大臣になっている）の姉と再婚しています。定家は承久の変までは、出世とは縁のない一歌人に過ぎませんでしたが、変後は、現実を重視したやり方で、北条氏と太い人間関係を作り出し、破格の出世を遂げ、正二位権の中納言にまで

出世するのです。一方、後鳥羽上皇は、都に帰してもらうこともできず、隠岐で苦しみの生活を送り、1239年60歳の生涯を閉じることになりました。

　定家は、自分を引き立ててくれた後鳥羽上皇が苦しみのどん底の中にいるのに、自分は、羽振りの良い生活をしている、自分に上皇を慰める方法はないものか、考えたのではないでしょうか。

　林直道氏は、「幕府との関係を壊さずに、上皇を慰める方法をやっとの思いで定家は考え付いた、それは、百人一首を用いた方法即ち"小倉百人一首"である。」としています。ある法則に基づいて、百人一首を並べると一枚の絵が出来上がるそうです。それは上皇がこのなく愛した水無瀬の風景で、定家も何度となく訪れて、上皇と楽しい時間を過ごした場所です。この絵こそ上皇への心を込めた密かな贈り物としたかったのではないかといわれています（林直道『百人一首の秘密—驚異の歌織物』青木書店、1990年）。

　後鳥羽上皇が定家の歌に激怒した詳しい理由については、上記の千葉商科大学教授の杉浦一雄氏の研究をお読みください。

離宮八幡宮

　水無瀬神宮から山崎駅へ向かうと離宮八幡宮があります。国家鎮護のため宇佐八幡宮から八幡神を勧請して、平安京の守護神にしようとしたのがその起源とされています。石清水八幡は対岸にもあって（あちらの方が有名）その創建の由来はよくわかりません。

離宮八幡宮

　離宮八幡は、油の神様として有名です。長岡京遷都に伴い、奈良から荏胡麻の製法が伝えられ、山崎において平安初期製油が始められました。

鎌倉時代になると生産量は増え、力を蓄え、荏胡麻販売権を独占するほどになります。これはしばらく続きますが、近世になると次第に衰退します。原因としては、荏胡麻から菜種油への変化、その変化への生産技術についていけなかったと思われます。

　お昼は離宮八幡宮近くの三笑亭でいただきました。

　ＪＲ島本駅、ＪＲ山崎駅の近くには、山崎の津（港）跡や、千利休の妙喜庵や離宮八幡などの歴史的に有名なものだけでなく、サントリーのウイスキー蒸留所もあります。また、山崎山荘美術館で素敵な美術品を鑑賞し、ベランダに出て、おいしいコーヒーをいただき、三川合流地帯を眺めるのも気持ちが晴れ晴れすると思われます。春は桜、秋は紅葉、１年を通じて楽しめます。

　次頁からこの地域で楽しむウォークラリーを紹介しています。ウォークラリーをする場合は必ず事前下見と当日の補助者数人が必要です。

ウォークラリーで歴史・地理を楽しもう

水無瀬・山崎で歴史・地理を楽しみながらウォークラリーをしてみましょう。

ウォークラリーの基本説明
速さを競うものではありません。のんびり歩いてください。また、時速２ｋｍで歩いてくださいとあれば、普通の半分くらいの速さで歩いてください。

例1

コマ地図には縮尺や長さは書かれていません。
「〇」は自分が立っているところ。
「→」は進行方向。
「〇」と「→」で進む方向がわかります。

例2

コマ地図に出てくる記号は下の方に書いてありますので、よく見てください。
左のコマ地図は「踏切を渡って直進する」、「十字路にはカーブミラーがあります」という意味です。

例3

ＣＰ（チェックポイント）では問題を解いてください。
左のコマ地図の橋のたもとには **CP** があります。
例えば、「この橋の欄干は何色ですか？」というような問題を下記と158頁に掲載していますので、**CP** のある場所で解いてみてください。

次の①〜⑯のコマ地図に従って、楠公公園から目的地を目指してください。

①  ② 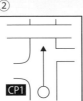 ③ ④

CP1 緑青色の80㎝くらいの棒状の物、何の作物を模していますか？

CP2 橋の名前は何ですか？

CP3 郵便ポストに書かれている平日の最終収集時間は何時となっていますか？

CP4 カーブミラーの番号は何番ですか？

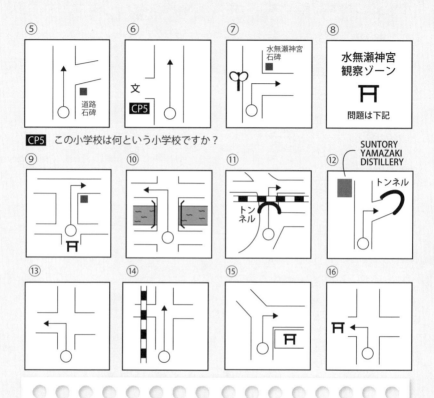

⑤ 道路石碑

⑥ 文　CP5

⑦ 水無瀬神宮石碑

⑧ 水無瀬神宮
観察ゾーン

問題は下記

CP5 この小学校は何という小学校ですか？

⑨

⑩

⑪ トンネル

⑫ SUNTORY YAMAZAKI DISTILLERY　トンネル

⑬

⑭

⑮

⑯

水無瀬神宮を観察してみよう！

問題❶　本殿には誰が祀ってありますか。

問題❷　この神宮の地下水は、名水百選に選ばれていますが、何と呼ばれていますか。

問題❸　石川五右衛門は、この神宮の宝刀を盗もうとしましたが、足がすくんで門の中に入れませんでした、五右衛門は、仕方なく、あることをして、退散しました。何をしたのでしょう（次頁にヒントがあります）。

問題❹　後鳥羽上皇は、自分のことを祈ってくれるように頼みました、誰に頼んだのでしょう（次頁にヒントがあります）。

問題❺　この神社に合祀されている4つの神社があります。末社春日神社、稲荷神社、後2つは何でしょう。

問題❸のヒント

　石川五右衛門は、神宮の神宝の太刀を盗もうとして、7日7夜竹藪の中に潜み入ろうとしたが、足がすくみ門内に入れなかった。そこで自分の手形を門に残して、改心の証として立ち去った。その故事によって今でも盗難除けのお札を受ける人が多い。

問題❹のヒント

　後鳥羽上皇崩御前の2月9日、上皇は水無瀬離宮跡を守っていた水無瀬信成・親成に「水無瀬・井内両荘を相違なく知行してわが後生を返す返す弔うべし」との御朱印の置き文を下された。よって上皇が亡くなられて後、水無瀬殿（下の御所）の跡に御堂を立て、上皇が隠岐へ移られる前に鳥羽殿にて　似せ絵の名手藤原信実に描かしめ、生母七条院に残された直衣姿の肖像画と、隠岐にあって自ら水鏡に映して描かれたという法体（僧の姿）の肖像画などを安置して、上皇の菩提を弔った。この御堂を水無瀬御影堂といい、また法華堂ともよんだ。

ウォークラリーの解答

GOAL：楠公公園から出発して、離宮八幡宮に至れば正解です。

チェックポイント問題

CP 1　竹の子（この辺りの竹の子は柔らかくておいしい）

CP 2　中堤橋

CP 3　16：45

CP 4　広瀬の3番

CP 5　島本町立第一小学校または第一小学校

観察ゾーン問題

問題❶　祀ってあるのは、後鳥羽天皇・土御門天皇・順徳天皇（3人と
　　　　も上皇になっておられますが、水無瀬神宮のＨＰには天皇とし
　　　　てあります。）

問題❷　離宮の水

問題❸　門の右側に手形を残しています。

問題❹　水無瀬信成・親成

問題❺　柿本神社、末社星坂神社

　水無瀬神宮は、創建は仁治1年（1240）、後鳥羽院の御遺詔により、
側近の水無瀬信成・親成父子が水無瀬離宮跡に建立した水無瀬御影堂を
起源とします。この水無瀬御影堂は、明治6年（1873）、官幣中社に列
せられて水無瀬宮となり、さらに昭和14年（1939）、官幣大社に昇格さ
れて水無瀬神宮と改められました。社殿は客殿・茶室が国の重要文化財。

　星坂神社は祭神は星坂但馬守政茂、もと西国街道にありましたが、明
治10年に移りました。星坂政茂は子能茂とともに後鳥羽上皇に仕え、能
茂は遺骨を洛北大原の法華堂に収め、出家して、西蓮と号し、上皇の冥
福を祈って、諸国を行脚したそうです。

石清水八幡宮

2016年3月30日

 京阪八幡駅集合➡ケーブルカーで山上の展望台へ➡本宮➡階段を下りる➡和食レストラン"さがみ"でランチ➡背割り堤・桜
（所要時間3〜4時間ぐらい）

 二所宗廟の一つとして、歴史のある大きな神社であることを確かめます。

　　石清水八幡宮の創建は平安時代初期の859年奈良の僧行教（9世紀に活躍）が宇佐八幡大神のお告げにより男山に八幡神を勧請したのが始まりです。行教は紀氏出身で、宇佐八幡宮と密接であった和気氏と近く、中央に進出しようとする宇佐八幡宮大神氏の働きかけが強かったのです（脇田修・晴子『物語　京都の歴史ー花の都の二千年』中公新書、2008年）。

　　男山は平安京の西南・裏鬼門にあたりとても重要だと考えられていました。行教は、859年八幡神を遷したことを朝廷に報告し、清和天皇の命で社殿が作られました。

　　石清水八幡は武運長久の神として敬われていますが、それは、清和源氏の流れをくむ源義家が、石清水八幡社前で元服し、「八幡太郎」を授かり武家の守護神として敬われ、その信仰は足利・織田・豊臣・徳川など歴代将軍・戦国武将にまで広く受け継がれていきました。

　　石清水八幡宮は、皇室が先祖に対して祭祀を行う廟とされる**二所宗廟**のひとつ。あとひとつは伊勢神宮です。皇室からも特別の扱いを受けていました。

　　京阪八幡駅とケーブルは極近で、山頂の八幡本宮まで数分です。展望台に上ると桂川・宇治川・木津川の3河川の合流地もよく見えます。

220本の大きな桜の背割り堤も見えます。長さは1400mあります。山の上から見ているだけでは満足できない方は、背割り堤まで行かれたらいいと思います。駅から7分くらいです。ただ、満開時は多くの人で一杯になり、曜日や時間を考える必要があります。

　時間に余裕があるときには、"さくらであい館"をお勧めいたします。高さ25mの展望塔です。山の上からとは全く違う景色を楽しむことができます。満開時は駐車場が満車になると思います。

三川合流地を山崎から見たところ。川沿いに林が見え、対岸には
石清水八幡のこんもりした森が見える（写真：上西三郎）

S4 木幡・松殿山荘

2015年11月26日

JR木幡駅集合➡松殿山荘拝観➡木幡周辺散策➡宇治 "櫟(くぬぎ)" でランチ➡宇治興聖寺（所要時間3〜4時間）日本最古の神社本殿である国宝・宇治上神社へ行くことも可です。

ねらい 藤原氏の菩提寺「浄妙寺」跡があり、関白を務めた松殿基房が屋敷を構えた木幡とはどんなところでしょうか。基房の孫といわれる道元と縁の深い宇治興聖寺を訪ねます。

　藤原道長は、なぜ京都の中心から外れた木幡の地に菩提寺を作ったのでしょう。また、そこから徒歩5分ほどの地に、摂関家の継承を意図して松殿基房が屋敷を構えました。曹洞宗の道元は、基房の孫にあたり基房の屋敷で生まれたのかもしれません。木幡とはいったいどんなところでしょうか、確かめに行きましょう。

木幡と平安京

　宇治市は、平成21年12月に浄妙寺発掘調査説明会をして、概要を次のように記しています。

①浄妙寺について：木幡は、藤原道長や頼通を含む藤原氏の埋葬の地でした。浄妙寺は、藤原道長が寛弘2年（1005）に藤原氏の菩提を弔うために建立した寺です。寺地の選定には陰陽師の安倍晴明などがあたり、宇治川の北方にある平地に定められました。建築工事には道長は頻繁に木幡に足を運んでいます。また造仏には康尚が、扁額と鐘銘の書は藤原行成と当時の第一の人物が担っており、道長の建立に対する意欲が並みでなかったことがわかります。平安時代においては、浄妙寺は平等院とともに摂関家の重要寺院として位置づけられていましたが、鎌倉時代に入ると寺の別当職が聖

護院宮家に移り、徐々に衰退していきます。そして室町時代の寛正3年（1462）一揆により放火され焼亡してしまいます。

②浄妙寺の調査の経緯：廃絶した浄妙寺は、江戸時代には門跡などの伝承が残っていたようですが、その後その所在は分からなくなっていました。しかし現在の木幡小学校の東にある墓地が、「ジョウメンジ墓」と通称されていたことなどから、現在の木幡小学校付近に浄妙寺があったものと推測されていました。昭和41年に、木幡小学校の建設が決まったことを受けて、昭和42年に発掘調査を実施したところ、浄妙寺の本堂である法華三昧堂の遺構が発見され、浄妙寺の位置が明らかになりました。そして重要遺構の発見を受けて、木幡小学校は校舎の位置を変更して建築されました。その後、平成2年に小学校の校庭改修工事に伴い、法華三昧堂の正確な位置と埋没深度を確認しました。

藤原氏が木幡に菩提寺を作ったのは、この地が藤原氏にとって、何らかの意味があったということです。この地区一帯に30ほどの古墳があります。藤原氏に限らず、この場所を埋葬地や寺地として、適切な場所としていたようです。

平安京の郊外にあって交通の便もよくて、寺行事をするのに不便ではないこと、鴨川と桂川が合流する地点から船でくれば、それほど時間がかからなかったのではないでしょうか。

木幡の地名は、万葉集にも拾遺集にも出てくる古い地名です。木幡はいろいろな使われ方をしていますが、現在のような、宇治市の一角だけを限定する使い方でなく、山科や巨椋池を含む広い範囲を指す場合もあったようです。

秀吉時代には、秀吉が伏見城を築城するまでは、木幡城と呼ばれていました。現在は、六地蔵から黄檗の間の狭い地域を指していると思います。

大玄関「杢殿山荘」の額

松殿山荘

　今回は、松殿山荘を訪ねます。松殿という呼称は、紛らわしいと思いますが、もともと藤原一族の藤原忠道が摂関家継承を意図して起こしたのが松殿です。**松殿基房**は、高倉天皇の関白を務め絶頂期にありましたが、清盛の逆鱗に触れ、落ち込んでいました。ところが、平家が負け、木曽義仲の入京により事態が一変します。基房は娘「伊子」を義仲に差し出して、わずか12歳の三男・師家を摂政にしてもらったのです。ところが義経の勝利で、師家は罷免されます。これ以降、松殿家の活躍はほとんど見られません。

　義仲の敗死後、伊子が源通親の側室となって出産したのが道元です。道元はまさに高貴の出なのです（道元の出生には諸説あります）。

　道元は母親を8歳の時、父親を2歳の時に亡くしています。道元が母親の実家で生まれたとすると、木幡の松殿山荘がその場所にあたります。ただ、今の松殿山荘は、大正時代に建てられたものであり、藤原氏との関係は皆無です。

　育ったのが父親側の源通親家だとすると鳥羽離宮の西、「久我」と思われます。現在、道元の誕生地として、誕生寺が建てられています。交通の便が悪いところと思うかもしれませんが、桂川がすぐ横を流れており、船を使うとどこよりも便利なところです。

　1918年、茶道家高谷宗範が10万坪の木幡丘陵地を買って、10年の歳月をかけて、現在の松殿山荘を作りました。前庭3000坪、中庭3000坪、合計6000坪の庭があります。春と秋に特別公開されます。事前の予約が必要です。

松殿山荘3000坪の中庭の一部

興聖寺

　次に興聖寺へ向かいましょう。道元が京都深草に初めて開いた道場名と同じです。宇治の興聖寺は、江戸時代淀藩主の永井尚政が1640年に再興したものです。道元が建てた寺ではありません。石碑には、道元が建てたと書いてありますが、これは名前だけであろうと思われます。

日野氏と鴨長明庵址

2019年3月28日

年間

まち歩き
コース

ＪＲ六地蔵駅集合➡京阪六地蔵バス停からバス10分➡日野誕生院拝観（親鸞誕生の地）➡長明の庵地跡➡バスで醍醐寺へ数分➡醍醐寺の桜見物（所要時間3〜4時間　長明の庵地跡へ行くと往復1時間はかかる。運動靴必要）

ねらい 鴨長明が終の庵を結んだところを尋ねましょう。

鴨長明方丈の庵址

　鴨長明は日野の山間に庵を結んだといわれています。今回は長明が最期に庵を結んだ場所をご案内したいと思います。

　ＪＲの奈良線に六地蔵駅があります。その北側に、京阪バス停があり、そこから日野まで10分ほどバスに乗ります。ここは、親鸞の生誕地で、「**日野誕生院**」というバス停があります。そこから京都市の野外活動センターがある所まで歩きます。

　沢沿いの道を20分ほど歩きます。そこに庵を建てたと記す石があります。ただ、庵を結ぶには険しく小さいため、この石の上には無理で、伝承に過ぎず、直感的にここではないと思いました。この庵から、宇治が見えることもありませんので、なおさらです。正確な場所はともかく、街道から外れた山間に長明が庵を建てたとすると、それは、奈良街道にも近いところだと思います。

　長明は、完全に世を捨てた人ではなく都にしばしば出向いているので、日野の山間から歩くと一日がかりですが、舟などを使ったより良い方法で行き来したように思います。

さて、長明の無常観は、今日の私たちにも訴える力を持ったものです。

　ゆく川の流れは絶えずして　しかも　元の水にあらず、よどみにう
かぶうたかたは　かつ消え、かつ結びて、久しくとどまりたるため
しなし、世の中にある　人とすみかとまたかくのごとし、

（方丈記より）

　日野は、都会の雑踏からわずか10分しか離れてないのに、別世界に来
たような風情がありますが、これは一体どうしてでしょうか。
　方丈記を語るのに最適な場所、また、小さな庵を建てても違和感のな
い場所です。長明の略歴を記しておきます。

1155年　誕生下鴨神社の正禰宜長継の次男として生まれます。

　　　　（1167年　平清盛太政大臣）

1172年　父長継は長明18歳のときに没します。

1175年　禰宜の座争いに敗れたのは、長明21歳のときです。

1184年　祖母の家を出て鴨川の近くに転居します。

1187年　「千載和歌集」一首入集　後鳥羽院に歌人として高く評価され
　　　　ます。この当時飢饉・地震によって死者数は４万人以上、京都
　　　　の人口の４割くらい亡くなる酷い状況でした。

1203年　河合社禰宜職に就くことに失敗、長明は４万人の死者や自身の
　　　　禰宜職獲得に失敗し、無常観を得たのでしょうか。

　　　　（1207年洛中大火、疱瘡流行）

1208年　日野に方丈の庵を結ぶ

1211年　鎌倉まで出かけて実朝と面会、うまくいかずまた、定家はライ
　　　　バルでした。

1216年　没。

　世捨て人ではなく、世間の人と同じく、競争に負けた、悔しい思いいっ
ぱいの人生、それだからこそ無常な心が伝わってくるのだと思います。

武田友宏氏は『方丈記（全）』（角川ソフィア文庫、2007年）の23「すぐ
に忘れる無常の体験―四大種のなかに、水、空、風は」で次のように書
いています。

　　人間はせっかくの「無常」の体験から学ぶことなく、忘却の彼方
　　に押しやってしまう。（中略）災害を運命的なものとしてきれいさっ
　　ぱりとあきらめてしまう、その妙な潔さが「無常」観の根底にある
　　というのだ。だが長明はそう考えなかった。「無常」を嘆くよりも、
　　むしろ「無常」に対決して自分なりの生き方を打ち立てようとした。
　　「無常」の体験から学ぼうとしない人間を問題視しようとしたのだ。

大きな力を持つ醍醐寺

　バスで醍醐寺へ向かいます。醍醐寺は、大変有名な寺です。第65代醍
醐寺座主・日野賢俊（1399〜1357）は足利尊氏と相互補完の関係にあり
ました。光厳天皇と尊氏との橋渡し役をしました。賢俊は尊氏の信頼を
得て、醍醐三宝院・醍醐寺座主となって、醍醐寺を大きな存在にしまし
た。

　第74代座主の満済（1378〜1435）は、母が義満の妻・日野業子に仕え
ていたこともあって、義満の猶子となり、醍醐寺の座主を39年間務め、
准后の位も得たことから、満済准后と呼ばれていました。また、義満・
義持・義教らの政治顧問として、将軍の黒衣宰相と言われるほどの活躍
をしました。

　大きくなっていた醍醐寺に豊臣秀吉はしばしば訪れて、花見の宴も
行っています。

　このように室町時代に、日野氏出自の賢俊が足利幕府と結びつきを
持ったことをきっかけとして醍醐寺は永く政治と結びつき大きな力を持
つようになりました。

山科は通過路

　山科は小さな盆地で、領域もさほど大きくなく、京都市民からすると忘れられているような所があります。ところが、山科からすると、奈良などの南から近江の国や東国に行くのに、京都をわざわざ通る必要はなく、山科は交通の要路でありました。

　天智天皇は、大津に都を作りましたが、大津京を中心に考えれば、南北には、琵琶湖があり、東は抜けやすく、西も山科を南下すれば、交通は優れていると考えたのでしょう。

　山科家は、名門藤原家から出ています。後白河院が丹後の局の息子の冷泉教成にも目をかけておられたので、院が没したとき、教成は、上皇の御影堂を建設し、山科を本拠地にしたことから“山科家”を名乗ることになりました。山科家は、皇室の財務を担当する禁裏御番でもありましたので、山科の人々は、領主よりむしろ山科家に近いところがあったようです。税の面でも優遇されることがあったようです。

　平安京の存在が大きすぎて、山科は目に入りにくいですが、山科に目を向けるとずいぶんと面白いところだということがわかりました。

S6 山科本願寺跡と毘沙門堂

2019年4月12日

京都市地下鉄東野駅➡山科本願寺跡（現在は、本願寺山科別院・東本願寺別院）・蓮如廟➡疎水➡毘沙門堂➡安祥寺（所要時間3〜4時間、桜と紅葉の季節には多くの時間が必要、疎水の桜、毘沙門の枝垂れさくらは有名）

ねらい
1 蓮如が建てた山科本願寺跡を訪ねる。
2 琵琶湖疎水沿い及び毘沙門堂の桜を愛でる、秋は紅葉がいい。

　東野駅から近くのところに、本願寺山科別院があります。いくつかのベンチがありましたので、満開の桜の下で、ベンチに座りながら、話をすることができました。この辺りは古い街ですので、たく

山科疎水安朱橋の桜（写真：上西三郎）

さんの桜があり天気にも恵まれて心地よい山科めぐりになりました。

　本願寺別院の前に山階小学校があります。この小学校は、日本で最も早く設立された学校の一つで、住民の意識が高かったと思われます。山科本願寺がこの辺りにあったということですが、運動場の一角のスロープは土塁の一部なのです。歴史が学校の中に残っているのですね。学校の北隣には、蓮如上人の御廟所があります。

毘沙門堂の枝垂れさくら（写真：佐野文弥）

　私たちは、山科本願寺跡を回って、その後、北へ向かいました。疎水沿いには、800本の桜があり、毘沙門堂の枝垂れさくらは、一味違う趣で私たちを迎えてくれました。秋の紅葉も素晴らしいです。

山科本願寺建設の不思議

　一向宗は、戦国時代大きな勢力に発達します。それまで、延暦寺の攻撃を何度も受け、1468年の延暦寺による堅田大責では大きな損害を出していました。蓮如は京都・近江を脱出し、吉崎御坊に地域連携型の寺内町を作っていましたが、反一向宗との軋轢も大きく、大阪の枚方に出て活動をしていました。「これからの活動拠点として交通の要衝でもある山科に拠点を作れ」という声を聞いて1480年に山科に東西800ｍ南北1000ｍの城ともいえる拠点を作り始めました。

　不思議なのは、山科は、古くから醍醐寺が大きな力を持ち、領地でありました。また、醍醐の南には、藤原氏の流れをくむ日野氏がおりました。さらに何度も一向宗を攻撃してきた延暦寺があります。こんな中で巨大な山科寺内町を設けることができたのは、なぜでしょう。

現山科本願寺の石畳み（写真：上西三郎）

親鸞（真宗、つまり一向宗の宗祖）は、日野氏の出で、醍醐寺とも深い縁がありました。延暦寺については、蓮如と天皇とは一定の関係があり、延暦寺は手を出しません。このように蓮如・日野氏・幕府・延暦寺・醍醐寺が何らかのつながりがあって、蓮如は巨大な寺内町を作ることができたようです。日野富子は義政の御台所ですが、山科寺内町にはよく来ていたということです。

　できてから50年、1532年に六角定頼と法華宗徒らによって壊滅されました。今は何も残っていませんが、焦土化した生活物品が多数見つかっています。

山科の面白ばなし

　山科は、関ヶ原の戦いのときに、既に禁裏御料（皇室財産）になっていました。山科御料は本御料の60％を占め、禁裏御料の中心でした。そこに住む郷民は優越感を持ち、大名の参勤交代行列にも土下座しない、むしろ、行列時に施肥作業をするなどしたといわれています。

S7

近江八幡・安土

2018年10月25日

滋賀

年間

まち歩き
コース

近江八幡駅集合➡八町堀・旧伴庄右衛門家住宅➡日牟禮八幡宮・かわらミュージアムランチ➡ロープウェイで八幡山頂上へ➡ヴォーリズ記念館（所要時間4〜5時間）

ねらい

1　歴史的情緒のある近江八幡の街並みに触れる。
2　佐々木氏・豊臣秀次・足利義晴と近江商人など近江八幡の発展に尽くした人たちの足跡をたどる。

近江は日本のへそ

　近江は、地味な地だといわれていますが、天智天皇は、琵琶湖湖畔に大津京を作りました。その前、既に日本海側から外国の人たちが琵琶湖周辺に入ってきていました。大津京時代には、当然東西から人の流れがありました。

　平安時代、都は京都でしたが、近江はその隣であり経済的には京都と同体で多くの人が行き来していました。室町幕府将軍の御伽衆（おとぎしゅう）のほとんどが近江の武士でした。将軍は窮地に陥ったとき、何度も近江八幡や、朽木、穴太などに逃げ込んでいます。

近江一帯を占めた佐々木氏

　佐々木氏は承久の乱から近江一国を占め、三男の泰綱氏が宗家を継ぎましたが、四男の氏信は京極氏として、足利氏の下で湖北で大きな勢力を持ちました。佐々木六角（六角・東洞院）は観音寺を本拠にしていましたが、信長の攻めに一日持ちませんでした。佐々木京極（京極高辻）は、浅井氏台頭で没落しました。

　戦国時代最大の武将織田信長は、入京の時関ヶ原から彦根・観音寺を一挙に乗り越えて、西南に進みます。観音寺の佐々木氏は戦わずして南

に逃げ、信長は無視するような形で、進みました。ここで大事なのは、佐々木氏は放置しましたが、観音寺・安土あたりは、京都に上るのに欠かせない重要な拠点であり、それを信長は確保したわけです。佐々木氏に力があれば、信長は進めなかったはずです。

豊臣秀次が整備した近江八幡

　秀次は17歳の時、近江八幡・蒲生郡3郡と大和の一部43万石を与えられました。秀次は何もないところに南北12筋、東西6筋の碁盤目状に整備した近江八幡を作りました。町の西には商業地区、東北部には職人区を作っています。迷路化せず、すっきりした気持ちいい町です。八幡堀は、港の機能も併せ持ち、ほかに大きな荷物を輸送する手段を持たなかった町民にとっては、このインフラは素晴らしい贈り物になりました。

　1587年、23歳の秀次は、秀吉の後継者として、尾張・北伊勢100万石を与えられています。わずか5年ほどの統治ですが、その役割は大きかったようです。1591年には関白職を譲られていますが、1595年には自殺に追い込まれています。

　次にロープウェイで八幡山頂を目指しましょう。登った先には秀次が築いた八幡城跡が見られます。

 ## 近江商人とは

　旧伴庄右衛門住宅など伝統的建造物群保存地区にある新町あたりを歩いてみましょう。近江商人とは近江の国の商人という意味ではありません。近江を本店として、他国へ行商した商人、他国で商いがうまく行くには、自分の利益を得ることだけでなく、商いを行う地域のことも大事にする。それが近江商人の理念です。

室町幕府と将軍義晴

　足利義晴（六角支援）は、桑の実寺で仮幕府を作りましたが、京都を

支配する大名たちは目まぐるしく入れ替わり、義晴は京都にゆっくり落ち着くことはできませんでした。何回か京都に入ることはできましたが、坂本穴太で最期を迎えています（年は39歳）。

　桑の実寺は、繖山の中腹にあり、ここに行くには階段を上がる方法しかないので大変です。上がってから北側に回ると、安土城があった安土山を上から見ることができます。階段で大変ですが、元気な人にはお勧めのコースです（安土駅から出発）。

　最後に**ヴォーリズ記念館**を訪れましょう。青い目の近江商人ヴォーリズ（1880〜1964）は建築家として日本各地の西洋建築を手掛けました。関学、近江兄弟社の学校などにも彼の建築物があります。

日牟禮八幡宮の左義長

　左義長祭は近江八幡の春の訪れを告げる火祭です。毎年3月14日、15日に近い土日曜日に行われます。洛中洛外図でその形（円錐状または、角錐状）は、知っていましたが、実際に見たことはないので、興味津々

近江八幡・日牟禮八幡宮では毎年、左義長祭が行われています。赤く飾りつけしてあるのが左義長。写真は戌年のもの

でした。藁や杉で作られたもので、6mもある大きなもので、形より干支に因んだことを優先にしていました。寅年だったので、大きな寅の模型が括り付けられていました。
　16世紀頃の左義長は、左のようなものでした。現代の左義長は、随分賑やかなものになってきています。

上杉本洛中洛外図屏風の左義長
（米沢市上杉博物館所蔵）

坂本・日吉大社

2017年4月6日

4月
年間

滋賀

西教寺➡日吉大社・神輿見学➡ランチ（鶴喜そば）➡滋賀門跡➡
旧竹林院（所要時間3時間くらい、神輿や担ぐ人を見ていると時
間はすぐに経ちます）

ねらい

1 山法師は日吉社の神輿を用いて強訴を行いました。その日吉大社の祭
りを見ます。

2 延暦寺の支配下にあった坂本の町の様子を見ます。

　比叡山延暦寺は、京都と滋賀県にまたがっており、東と西があって初
めて延暦寺であり、片方だけ見ることはできません。

　日吉大社は、全国におよそ3800社ある日吉・日枝・山王神社の総本宮
です。延暦寺の鎮守神で、日本では明治まで、寺と神社とが一体になっ
ている場合が多く延暦寺と日吉社もその関係にありました。

　延暦寺は、朝廷の判定が不満な場合強訴を行っていましたが、日吉社
の神輿を担いでいきました。その場合祇園を拠点にする場合もありました。
祇園社は日吉社の出先、祇園社にとって日吉社は本社にあたるものでした。

　4月に行われる日吉大社の祭り"山王祭"に行くとやはり、その祭の

山から神輿が下りてくるところ
（写真：上西三郎）

大きさにびっくりします。神輿が7つも出るのです、坂本は街としては
小さな町ですので、やはり日吉社の歴史からきているものとあらためて
思います。神輿は、現在1トンものですが、かつては、2トンものを担
いでいたのです。昔の人は、体は小さくても頑丈だったのですね。

　坂本には、延暦寺の関係者が
多く生活していましたが、坂本
は延暦寺の所領であり、止観院
（東塔に属する）は、坂本全体
の行政も司っていたようです。
信長の比叡山焼き討ちでは、坂
本周辺も徹底的に破壊されまし
たが、江戸時代になって復興し
ていきました。

穴太積の塀

　坂本に寺が多くあるのは、当然ですが、石垣がきれいです。ここには、
穴太 衆（あのうしゅう）と呼ばれる**石積の職人集団**がいて、日本各地の城郭の石積を行っ
てきています。ここがその本拠であり、石積の見事な塀を見て歩くのも
楽しみです。最近では、穴太衆積を唯一継承する粟田さんが "美しく、
堅固な技法として" その技術を海外で披露している記事が京都新聞（2019
年3月2日付）に掲載されました。

　西教寺は、天台宗の古い寺で荒廃していましたが、室町時代に真盛上
人が再興した真盛派として400寺を持つ独立した天台宗の寺です。明智光
秀との関係が深く、比叡山焼き討ち直後に坂本城の城主となった光秀は、
坂本の復興に乗り出します。そして西教寺の檀徒となり、坂本城の陣屋を
寄進して本坊を再建、こっそりと西教寺の再建に力を貸しました。寺に伝
わる梵鐘（国・重文）は平安時代に鋳造された坂本城の陣鐘を寄進しまし
た。また、総門は坂本城の城門を移したものです。光秀の援助によって西
教寺は延暦寺よりも早く再建されました。光秀一族はここに眠っています。

真盛上人の逸話「手白の猿」

　1493年坂本で、馬借などが起こした土一揆は、徳政令の発布を要求して日吉社に籠り、山門側が弾圧に乗り出し、日吉社の建物はことごとく焼かれ、消滅してしまいました。この土一揆で、日吉社に籠った400余人は山門の攻撃により焼死、あるいは殺されました。

　彼らの死骸は山のようであったといわれます。西教寺の僧侶はこれを哀れみ、敵味方関係なく一カ所にあつめて念仏回向をして葬りました。ところが、このことが山門の怒りに触れ、さらに一揆の首謀者を真盛上人と誤解し、山門の僧兵が西教寺に攻め入りました。しかしそのとき境内には人影がなく、ただ不断念仏の鉦の音だけが響くばかり。どっと中に踏み込んだ僧兵たちが見たのは、上人の身代わりに猿が念仏の鉦をついている光景でした。日吉山王の使者である猿までもが上人の不断念仏の教化を受け、念仏を唱えている、そう受け取った僧兵はその場を立ち去りました。

　このときの猿の手が白かったことから「手白のましら（猿）伝説」といい、上人の御徳は鳥獣にも及ぶほどであった証として語り継がれています。

（右）日吉大社西本宮と（左）東本宮（写真：佐野文弥）
全国3800社の頂点に立つ日吉大社の本宮は大きくて立派なものです。神輿もかつては２ｔものを使っていたとのことです。現在は１ｔを使っています

京都につらなる難波

2019年2月28日と3月2日

年間

大阪

まち歩き
コース

地下鉄「谷町４丁目駅」集合➡大阪歴史博物館入場・見学➡ランチ：
カフェ＆レストラン スターアイル（多人数でも予約できます）➡
大阪城大手門から入場➡石山本願寺址➡梅林➡ＪＲ京橋駅

ねらい 難波宮の歴史を見ることは平安京の歴史を理解することになります。歴史
博物館で確かめましょう。

大阪歴史博物館は、上町台地上にあり、５階以上に上がると大阪城を
眼下に見ることができます。前期難波宮や後期難波宮の模型があります
ので、ぜひご覧ください。また、竪穴住居など当時の人々の暮らしぶり
が展示されています。

前期難波宮（652年難波長柄豊埼宮を完成、686年焼失）、後期難波宮（聖
武天皇が再興した。732年ほぼ完成、744年難波宮を皇都とする詔を出す）
は、ほぼ同じ場所に作られました。歴史博物館の南に広がる難波宮跡が
見えます。

難波宮廃止と長岡・平安京遷都の関係

大阪湾は次頁の図のように、700年前までは、中央に飛び出る上町台
地を除いて、西も東も海でした。その後、上流からの土砂の堆積や気候
変動により陸地化しますが、大和川は北上して、寝屋川や門真あたりに
流れ込み、大きな湖を作っていました。

淀川は草香江に流れ込んでいます。一方三国川は、難波の海に直接出
ているため、淀川は水運上不利だったと思われます。淀川は、いく筋に
も分かれて流下し、土砂の堆積も大きく、さらに船舶の航行には適さな
いようになります。しかし、神崎（三国）川に淀川からバイパスが設け

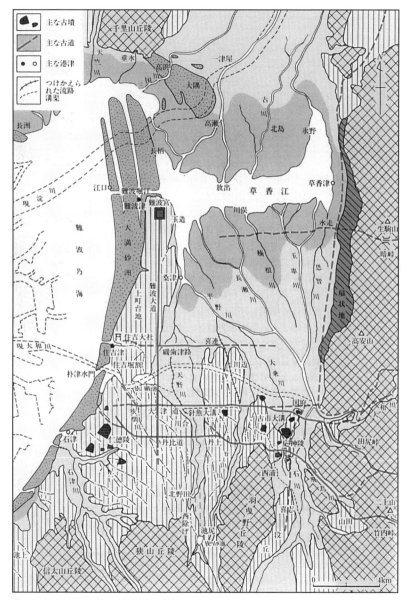

６－７世紀ごろの摂津河内和泉の景観

（出典：日下雅義『地形からみた歴史　古代景観を復原する』講談社学術文庫、2012年）

られ、やがて、長岡や平安京から、船の航行ができるようになりました。難波宮が捨てられるのと、桓武天皇により長岡京・平安京に遷都されるのは、表裏の関係です。

　大阪城に行くと一向宗が設けた石山本願寺跡が見られます。秀吉は上町台地北端に巨大な大坂城を作りましたが、確かに土砂の堆積などを制御できれば、交通の便の良い、戦略地であったといえます。

　大阪城公園の梅林（内濠の東1.7haに1270本）や桜（西の丸公園6.5haに300本、公園全体では3000本）はとても素晴らしいので、一度お出かけください。

S10

大津京跡・園城寺・歴史博物館

2019年7月4日

年間

滋賀

園城寺・円満院➡大津市歴史博物館➡大津京跡
（所要時間：3時間ほど）

1 京都に接する大津京跡を訪ねる。

2 三井寺はゆっくりしたいとき訪ねたい、癒しのある寺です。

　円満院の前に少し鄙びた感じですがおいしいそばを食べさせてくれる店があります。予約は取らないそうで、開店早々に押しかけて、頂くことにしました。そのあと、園城寺などをゆっくり見学することにしました。

園城寺

　園城寺は正式名を長等山園城寺といいます。この寺に湧く霊泉を天智・天武・持統天皇の三代にわたって、産湯として使ったので、御井寺から転じて三井寺と呼ばれるようになりました。延暦寺とともに、天台宗総本山と称しています。

　開基は弘文天皇（大友皇子）の皇子大友与多王で、父弘文天皇供養のために建てました。弘文天皇と闘った天武天皇も許可しています。

　993年、延暦寺の僧侶が円珍派と円仁派で争い、円珍派の約1000名が園城寺に移ってきました。その後も延暦寺との戦いは続き、園城寺はしばしば焼き討ちに遭いました。その数、全焼7回を含む大規模10回、小規模は50回にも及ぶといわれています。焼き討ちにはいろいろあって、将軍足利義教との対立で延暦寺の僧自ら火を放って焼身自殺をしたこともあります。延暦寺は500万坪ありますが、そのほとんどが山で、しかも東塔・西塔・横川の3か所に分かれています。園城寺は35万坪ですが

広々と感じます。また静寂さが保たれているので、心の落ち着きを取り戻せます。

 三井の晩鐘　龍神伝説

蛇を助けた漁師のもとに美しい娘が現れます。2人の間に子供が生まれましたが、娘は龍に戻った姿を漁師に見られたため、湖に帰らなくてはならなくなりました。子供のために自分の目を差し出して盲目になる龍は、「夕方に三井寺の鐘をたくさんついて子供の無事を知らせてほしい」と言ったそうです。皆さん、三井寺の除夜の鐘は108を過ぎても構いません。たくさんついてやってください。

近江の都はなぜ、大津京だったのか

　663年に日本は朝鮮半島に出兵し、白村江で敗北しました。この敗北は大きな脅威となり、防御態勢を強めるため瀬戸内海に多くの山城を作り、大宰府には水城を作りました。また、大津京への遷都は、外敵から奥へ逃げているのではなく、むしろ琵琶湖・日本海を通じて外国と容易に、交流ができるとする見方もあるようです。

　近年まで、大津京の場所を決することができませんでしたが、1974年滋賀県教育委員会技師（後の滋賀県立大学教授・万葉集の作曲家・ギター奏者）の林博通氏が土地所有者と奇跡的な縁が生まれて、発掘調査をすることができ、大津市錦織に大津の都、大津京の中心施設である大津宮があったことが判明しました。

近江大津宮跡（大津市錦織）
（写真：上西三郎）

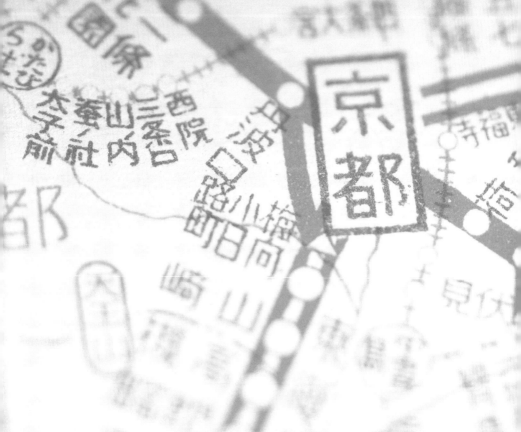

特別企画

高瀬川3回シリーズ

第1回目 2015年1月21日

まち歩きコース　京阪五条駅➡高瀬川沿いに歩く➡材木町名など特色ある町名・「九の舟入」・「古高俊太郎寓居」➡池田屋・舟入跡石碑➡発電所跡（所要時間3時間ほど）

ねらい　高瀬川開削400年記念としてもう一度高瀬川の役割について考え、舟入場跡と高瀬川に関係する地名を探します。

　現存する高瀬川沿いに五条から二条の一之船入場まで歩いてみました。

　高瀬川は鴨川の水を利用した運河です。鴨川の水位は季節変動が大きくて、舟の運航には適していません。角倉了以は、賀茂川に並行して、ご

一之船入には十石船が復元されています（写真：上西三郎）

く浅い運河を作りました。浅くても、水が緩衝材になってくれるので、十石舟は滑るように移動でき、十分運航できます。

　高瀬川沿いには船頭町・材木町など用途や輸送品目になぞらえた町名が現在も見られます。舟の航行はすれ違いができないので、「午前中は上り」という風に時間により船の向きが定められています。柳が植えられ、風情満点です。木屋町通りと重なるため、幕末の尊王攘夷派が活躍したところが随所にみられます。坂本龍馬も通ったと思われます。

　二条は終点の舟着き場で、高瀬川一之船入として復元されています。舟が回転する空間も作ってあり、十石舟も置かれています。

次のカードを持って現地で探してみましょう。

1	五条から四条通りには、3つの種類の町名を探すことができます。	商品（材木）、取引先地名（天満）、職業（車屋）。
2	九の船入跡周辺に尊王攘夷派の寓居があります。	古高俊太郎寓居がありました
3	池田屋の横に高瀬川があるので、志士は、高瀬舟に乗って逃げたという説はどうでしょう。	浅瀬なので、舟で逃げるのは無理でしょう。
4	荷物の上げ下ろしする舟入り跡を探しましょう。	9つの石碑が立っています。
5	街の真ん中に発電所ができた？	旧立誠小学校があった所は旧京都電燈株式会社（現関西電力）の庭でした。

角倉了以・素庵親子の足跡

1592年　秀吉の朱印状を得て、南蛮貿易をはじめる。

1604年　保津川開削を願い出る。

1606年　大堰川開削。

1609年　方広寺大仏殿工事始め。

1610年　鴨川運河工事始め。

1614年　高瀬川二条から伏見まで全川開削。了以没。

1615年　大坂夏の陣で協力し、角倉素庵が過書船座の実権握る。

　いまでいうゼネコンで、工事だけでなく工事の企画から完成まで全般を請け負いました。またそれだけにとどまらず、貿易も行いました。了以だけでなく、息子の素庵の働きも大きかったようです。

高瀬川３回シリーズ

第2回目　2015年2月25日

まち歩きコース　京阪鳥羽街道駅集合➡高瀬川と鴨川が交差したところ➡十条・竹田駅を地下鉄で移動➡じねんと市場でランチ（竹田駅から５分くらい）➡鳥羽離宮跡(所要時間３～４時間、広いので歩くだけで疲れるかも)

ねらい　高瀬川が鴨川を横断するところ、鳥羽離宮の北側を流れる鴨川、鳥羽伏見の古戦場、鳥羽離宮の南殿跡などを見ます。

　今回は高瀬川が鴨川と交差しているところから出発しました。古代は山崎や淀に津（港）があって、そこに荷揚げされた荷物は、陸上運送が行われました。鳥羽に離宮が作られてからは、鳥羽からまっすぐに道路（鳥羽の作道）が設けられ、羅城門まで運ばれ平安京の中に入っていきました。

　この日はまず、京阪鳥羽街道駅近くで、高瀬川が鴨川を横断

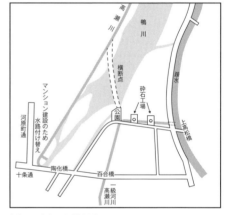

高瀬川が鴨川を横断するところ
石田孝喜『京都 高瀬川－角倉了以・素庵の遺産』
（思文閣出版、2005）の地図参照に作成

していたその場を見学しました。パナマ運河のように、低い方の水位を上げて、舟を通したようです。毎日多くの船を通したので、この時代の人たちもなかなかやるなーという感じですね。ランチは、じねんと市場のレストラン。ここは、地元の農家が九条ねぎなど自作の農作物を提供しています。じねんと市場は地下鉄竹田駅から歩いて５分ほどです。

そのあと、鴨川の低湿地地帯に設けられた鳥羽離宮跡を見学しました。随分と広い地域に作られていたようで、驚きと歩き疲れるほどでした（城南宮はその一角）。

鳥羽離宮とは

　鳥羽離宮は白河上皇をはじめとする上皇らの院御所です。南殿、泉殿、北殿、東殿、田中殿などからなります。鳥羽離宮の俯瞰的な様子は、東殿・安楽寿院の一角に模型図が設けられていてよくわかります。また、西川幸治・高橋徹『京都千二百年（上）』（草思社、1997年）にイラストで掲載されています。

　現在、25000分の１の地形図によれば、鳥羽離宮地帯の標高は、10mから13mくらいしかなく、大水が来れば忽ち水没するだろうと思われます。11世紀頃から14世紀ぐらいまで使われていたようです。　その頃は、洪水などの恐れはありましたが、舟が主な移動手段で、離宮の南殿の津からどこへでも行ける便利な場所であったとも思われます。離宮公園となっている南殿の場所は、鳥羽伏見の戦場でもあります。

高瀬川周辺地図

京阪中書島駅南口➡旧伏見港公園・濠川➡三栖閘門資料館➡鳥せいでランチ（所要時間３時間ほど、春は濠川沿いの桜はすばらしくゆっくりできます）

ねらい　伏見港の歴史たどる、三栖の閘門や洗堰を見学し、濠川の桜を楽しむ

　伏見港が発展拡大するのは、秀吉の時代からです。信長が1582年光秀に討たれた後、秀吉が天下を取って、病没する1598年のわずかの間に、伏見に城下町を作り、港を作りました。それが伏見港の前身です。

　秀吉は1583年から大坂城を作り始め、大坂を経済・政治の中心にしようとしました。伏見には、指月城を作って隠居所にしようとしました。ところが、茶々に秀頼が生まれたため、関白を譲って跡継ぎにしようと思っていた秀次を自殺に追い込んだのです。京都の城というべき聚楽第も徹底的に破壊しました。そうこうしてしているとき、次の災難がやってきます。大きな地震が起こったのです。1596年、指月城が破壊されてしまいます。秀吉はあわてて、指月城からごく近い木幡山（丘陵）に木幡城を作ります。

　秀吉は、大きな建築をいくつもします。この木幡城もそうですが、京都の方広寺には、東大寺より大きな大仏を、破壊した聚楽第と次々と建築物などを作ったので、その資材を運ぶ必要ができました。電車・車はないので、船による運搬になります。そこで伏見を改造して港を作りました。

　ちょうどその時、角倉了以、素庵親子が水運事業をやっていました。

旧伏見港を航行する観光十石船

　角倉は、保津川の開削をやり、丹波からの穀物等を京都に運ぶことに成
功しています。高瀬川運河の開削も願い出て、工事を始めました。
　角倉は、全国のいろんなところで、河川工事を始めました。貿易も行っ
ていました。秀吉の時代から、家康の時代まで、活躍していきます。素
庵は過書船（役所手形をもらっている船）の奉行にもなります。
　高瀬川を南下して、宇治川に合流するところに位置しているのが伏見
港です。江戸時代、大坂と伏見には、二十石舟が507隻、三十石舟671隻
が運航していました。
　坂本龍馬もこの船に乗って、伏見にやってきました。その定宿が寺田
屋です。伏見港は、鉄道、道路・車の発達で、次第に衰退しますが、い
ろいろ工夫がくわえられ、世界情勢の変化で、石炭を運ぶ蒸気船の需要

が起き、昭和4年に設けられました三栖の閘門を利用した蒸気船は、年間2万隻を超えました。現在では、高瀬川と宇治川との水位差が大きくなり、閉鎖され使われていません。

　伏見港は大半が埋め立てられ、公園になっています。高瀬川からの水路は、保全され、現在でも十石舟は、運航されています。三栖の閘門は見学できるようになっています。

　三栖の閘門から、運河沿いに歩くこともできます。春の桜並木は、白色のネコヤナギとマッチングして素晴らしいです。北に向かって歩いていくと、伏見の酒蔵が並んでいて、とてもいいロケーションです。

　伏見の京橋（という名前の橋）で、階段を上がると、ちょうど伏見の繁華街に出ます。私たちは、鳥せい本店でおいしいランチをいただきました。

三栖閘門（写真：上西三郎）

洛中洛外図を歩く

2017年1月25日

地下鉄鞍馬口駅➡上御霊前通りを西に向かう（途中妙覚寺・妙顕寺を訪ねてもいい）➡小川通りを南下、裏千家「今日庵」表千家「不審庵」を通過➡人形寺「宝鏡寺」に出る➡その後堀川通りを少し北に行って、茶道会館（濃茶も頼む）➡南下して、同志社大学構内（近衛殿址や花の御所址）（所要時間3時間）

ねらい 洛中洛外図が描いた京都北部の歴史の町を訪ねる。

洛中洛外図は、京都の市中と近郊の景観や風俗を描いた屏風図です。16世紀から19世紀の作品があり、文化史的・学術的価値が高く　美術史や建築史、および都市史や社会史の観点から研究されています。

ただ絵が美しいといっても歴史的背景がわからないと、作者の意図が伝わってこないので、信長から上杉謙信に送られた時期の社会情勢の資料を各種提供します。

上杉本　洛中洛外図屏風は、桃山絵画・狩野派を代表する狩野永徳の作品と言われています。作品は、左右各六隻で作られています。右隻は下京・東山方面を西側から俯瞰しており、左隻は上京・西山を東側から眺望するという構図で、右から夏・春・冬・秋と季節を追うことができます。

発注者は13代室町将軍・足利義輝です。謙信が上洛して、幕府の管領になり、自分を助けてもらいたいと望んでいました。ところが、屏風の完成前に、三好・松永に攻められ非業の死を遂げてしまいました。屏風は、永徳の手に残っていましたが、上洛した信長が見出して、同盟関係

を必要として、謙信に送りました。

　この屏風の中に輿に乗った人物が描かれていますが、これが上杉謙信です（『上杉本　洛中洛外図屏風』米沢上杉博物館発行）。

　上御霊前通りを歩いてみましょう。

　西に向かうと途中に法華宗の寺院妙覚寺、妙顕寺があります。法華宗は、一時的には、京都中を支配下に置いたような状態でしたが、1536年の延暦寺などの襲撃を受け、京都から多くは追放されました。　妙覚寺、妙顕寺は秀吉がここに移しました。

上御霊前通の住所表記

　通りを歩くと上杉本にある継孝院、大心院 、禅昌院が町名に残っていて現在も使われていることがわかります。このあたり一帯に室町幕府関係者貴族が住んでいたことがわかります。

　将軍夫人等が住んでいた南御所があったのは**宝鏡寺（人形寺）**のあたりです。現在宝鏡寺だけがそのまま残っています。このように多くの建物などが、その足跡を残していることを、確かめることができます。ま

小川通りには裏・表千家などの本拠があり、歴史の残っている町。同志社大の場所は近衛家があった場所

た、裏千家の今日庵と表千家の不審庵が並んで建っていますが、素晴らしい雰囲気を持っていて、中世にタイムスリップしたような気さえします。京都では昔の面影を残しているところはいろいろありますが、地域一帯で歴史的余韻を楽しめる最も素晴らしい地域の一つです。

上杉本洛中洛外図屏風
（米沢市上杉博物館所蔵）

信長と裏築地町

ＮＨＫドラマ「麒麟がくる」信長登場と内裏塀の修復

　2016年 NHK 大河ドラマ「麒麟がくる」の後半に正親町天皇や尾野真千子扮する太夫が信長が内裏の塀を直したことを評価する場面がありましたが、なぜその場面が重要だったのでしょうか。説明が少し不足しているように感じました。応仁・文明の乱やその後の混乱の中で、京都は見る影もない悲惨な状況で内裏の塀も崩壊していましたので、それを修理した信長は正親町天皇から篤い信頼を受けたでしょう。しかしこれだけでは、「ああ、なるほど」と思うだけで、なぜそれほどの感謝や信頼を受けることになったのか、よくわからないと思います。

　しかし応仁・文明の乱とその後の混乱によって京都が陥った悲惨な状況がわかれば信長による内裏修復の持つ意味がわかるようになると思います。

応仁・文明の乱とその後の京都の混乱

　応仁・文明の乱は皆さんのご存じのように山名氏の陣営と細川氏の陣営が、東西に分かれて11年間にわたって京都盆地を舞台に戦った乱であります。ただ、応仁・文明の乱より、その後の混乱の方が京都の破壊が進んだようです。

　西軍に加わっていた西軍主力の大内氏が京都を離れることでようやく、乱は終息するのですが、治安は乱れ、強盗団が多発します。例えば、上京一条烏丸の北東の角にある土倉（当時の金融業者）へ強盗団が押し入りました。それを知った周辺の人々が出てきて、強盗団と矢戦となり、土倉一家も戦いに加わったが、夫婦は殺され、子供は傷を負いました。強盗団は火を放ち、運悪く強風にあおられ、一条大路に面する一帯が焼失してしまったのです。強盗団はものをとるだけでなく、殺すなど凶悪化します。中には、ネズミの尻尾に火をつけ離して放火するなど、混乱

を意図的に行います。「このように強盗団の振る舞いが無法状態に陥っているのは、幕府を主導する管領もまた、洛中の警察権を預かる侍所も、所司代も機能しておらず、捜査されることがないからで、各地でも同様のことがおこり言語道断であり、この世の終わりというほかない。」と『親長卿記（1484年、室町時代後期の公家・甘露寺親長の日記）』に記されています。

ただ、幕府は全く何もしなかったわけではなく、細川政元は、放火犯を捉えたりしています。ところが治安の悪化は収まることがありませんでした。町の様相は、凶悪化が進み荒んだ状況にありました。

このような状況で次にどんなことが起きると皆さんは思いますか。毎日のように強盗団が来るわけです。幕府はあてにならず、しかし、その中でもわが身を守らねばなりません。

住民は、団結して防衛しようとしたのです。

応仁・文明の乱のときにもしましたが、堀を掘って街角には釘貫という防衛扉を作りました。夜は番を置いて通行を許しませんでした。武器を持って敵に対して、大勢の人が出てきて、強盗を追っ払おうとしたのです。

『山科言継卿記』には「この町の畳屋に阿波衆十人ばかり…、二条より上京起きそうらいて、二～三千にて取り囲み…鬨の声しきりなり、種々わびそうらいて、帰りおわんぬ（1527年）」とあります。阿波衆＝三好一族が大きな力を持ち、一時期京都を支配する。その三好の家来が10人ほど京都市中に入ってきたとき、住民2～3千人ほどが出てきて、取り囲み追い返した（河内将芳『信長が見た戦国京都－城塞に囲まれた異貌の都』法蔵館文庫、2020年）というのです。ここで言いたいのは、これほどの多くの住民が出てきたこと、住民の共同体ができたことです。

京都を一時期支配した三好長慶は、1549年「当四町中」あて文書で、長慶被官の生島弥六の屋敷の庭で「立売四町衆」が跳を行った際、つ

ぶてで屋根を壊したとして「糾明して弁明せよ」と記しています。跳と
は、風流（ふうりゅうとはいわない）踊り、盆踊りの原型といわれま
すが、現在のものとはかなり違っています。「様々な扮装を施し道化を
演ずる」踊りで具体的には、若い男が女性の着物を身に着け、作り物と
言われた仮装を施し、音曲に合わせて輪になって跳ね回ります。

　ここで注目されるのは、風流踊りを行い、つぶてを打ったのが立売四
町衆で、三好側が四町を糾明しようとしたことで、4つが集団＝組織で
あったことがわかります。この当時、上の四町だけでなく、上・下京に
それぞれ4つずつ200人×4それが2つ、合計1600人の人々がその輪に
加わっていました。それだけの町組織は、これ以外にもあると想定され
ますから、京都の町全体には、かなりの数の人々が町組織を持っていた
ことになります。

信長の登場

　信長が最初に、京都にやってきたのは、1559年で、わずか80人の少人
数でやってきています。まだ、信長は都人に知られた存在ではありませ
んでした。信長軍団は、異様な風体と表現されています。都人からする
と田舎の汚い武士たちと思われていたのでしょうか。応仁・文明の乱か
ら80年ほどたっています。京都の町はどんな状況だったのでしょう。治
安の悪さは相変わらずと思われます。しかし住民を守る方法として行っ
た堀や釘貫を作って住居を防衛する様子は、洛中洛外図屏風にみられま
す。それに加えて、住民の共同体意識はかなり進んできたように見えま
す。共同体は、お金を出して、侵入者が乱暴しないお墨付きを得ようと
したようです。

　信長は、1568年には足利義昭を奉じて、公式に上洛しています。この
時は将軍義昭を伴っていたので、都人は少し安心したのでしょう。信長
にとって都に入るのに義昭を伴う意味がそこにあるのかもしれません。
その折、撰銭令を出しています。

「銭定め違反のともがらがあれば、その一町切りに成敗たるべし、その段あい届かざれば残りの惣町一味同心に申しつくべし、なお、その上に至りても手あまりの輩においては注進せしむべし」。このように京都の住人の共同体を認めて、それを利用しています。しかし、共同体側にとって、それはまさに諸刃の剣でした。初期には、共同体は目的を達して、武士の狼藉を抑えることができましたが、味を占めた信長はいくらでもお金を出させると考えたように思えます。

天文法華の乱後の復興

　京都の町は、1500年ころ法華宗が勢いを伸ばし、京都中が法華宗の様相を見せるほどでした。これに反対する比叡山が中心となって、六角氏・一向宗とともに1536年戦闘を行い、法華寺院・衆徒を壊滅させ、寺院は壊滅するか一部は堺に逃げ込みました。1万人の人々が殺されました。この時、被害は寺院以外にも及び、下京のほとんどと上京の3分の1が焼かれています。応仁・文明の乱の時は、祇園祭の鉾は、破壊をまぬかれているのですが、この時は多くの町が被害を受けています。

　しかし驚きは、このような下京の被害にもかかわらず、1538年（天文法華の乱から2年目）、祇園祭が復活しているのです。これはなぜか。確たることはわかりませんが、下京の人々、土倉などを中心とする人々が復活するだけの強い力を持っていたということなのです。

旧仏教と鎌倉新仏教との違い

　旧仏教の天台・真言宗は荘園を支配し、そこから上がる収益によって、教団を維持してきました。それに対して、鎌倉時代の日蓮・浄土、真宗になると一人の宗教者に対して一人の信者という関係になりました。夫婦でも親子でも帰依する宗教者や寺院が異なり、戦乱が続き、常に命の危険、飢饉、疾病、自然災害、自分ではどうしようもない災禍によっていつ死ぬかわからない時代。応仁・文明の乱の時代には、旧仏教は大きな力を持っていましたが、乱後はその力も次第になくなっていきました。

信長は法華宗を直接には弾圧していません。法華宗側は町の事業者などで構成されていましたが、自分たちの町が焼かれるのを恐れて信長側と交渉してお金を出して、攻撃されないお墨付きをもらっていました。そのお金を工面していたのが法華宗の信者たちでした。直接攻撃せずお金を得て、さらにいろいろ利用しようとしました。

　信長は京都に常設の宿泊所を持っていませんでした。宿泊したのは、妙覚寺、妙顕寺、暗殺された時宿泊していたのは本能寺で、いずれも法華宗寺院でした。

信長による上京焼き討ち：凄まじい攻撃、見たくない光景

　まず、信長（35歳）と義昭（32歳）の不仲は次第に深まり1572年、義昭に17条の条項を言い渡すことにより決定的となりました。条項では、「天下の儀は信長に任せて、義昭の意見を聞く必要はない」とするもので、これにより1573年、義昭は謀反を起こすことを決しました。信長は1万人の兵をだして知恩院で陣を張りました。義昭を圧迫して和睦をさせようとしましたが、承諾を得られなかったので、義昭の御所を除いて、上京をことごとく放火しました。上京一宇残らず、焼失した時に、逃げ落ちていった人々の中には、路上において、あるいは、大堰川や桂川において、殺されたものも数多くいました。

　耶蘇会の日本の通信によれば、上京の町人、とくに女性たちに対して、美濃および尾張の兵士たちは、彼らを捉え、牛の背中に乗せ、子供を抱いて兵士の前を歩かせました。人々は自ら逃げ落ちたのではなく、「信長の軍勢によってつれられた」と宣教師は伝えているそうです。彼女たちは、桂川の岸に達したとき、水流が激しくて深い川に入り、あっと言う間に水に流され、柵などにかかり2、30人の子供、それと同じほどの数の女性が死んでいったそうです。女性たちは、おぼれ死にしなかったとしても軍勢から助けてもらうためには、それなりのお金が必要で、そんなお金は用立てるのが難しいのがわかっていたからだといいます（河

内将芳『信長が見た戦国京都－城塞に囲まれた異貌の都』法蔵館文庫、2020年）。

　このような乱暴狼藉を信長の軍勢が行っていました。この時の攻撃では信長は兵の狼藉を認めていた、いや、勧めていたのかもしれません。兵士らは都の富を収める村々を襲い、金銀、よき着物、絹織物など高価な品物のみを奪いその他は、破却したそうです。

　信長の暴力組織は圧倒的に大きくて、上京住民の暴力組織は、とるに足らないものであったに違いありません。力のある者同士が争うのは仕方ないかもしれませんが…この時の主な標的は義昭でした。上京住民の一部が、信長の二条城つくりの材木に関して、義昭に味方したかもしれない、しかし、それはほんのとるに足らぬものであり、それに対する信長の攻撃は酷すぎます。義昭を困らせるためにしたというより、攻撃を目的化したようなおぞましい暴力でした。

　このやり方に下京住民は、お金を出すから焼かないようにお願いして、焼かれないで済んでいます。信長は、下京住民にお金を出させるために、上京に酷い攻撃をしたのかもしれません。

　ＮＨＫ大河ドラマでは、信長の行為は、天に唾するものとして批判的にとらえ、明智光秀を天が遣わした使者であるかのように描いています。

　後日談として、信長は、上京の攻撃の後、上京を復興しています。これだけの酷い焼き討ちをしたのだから、復興は容易ではないと思われますが、「信長公記」では、復興が順調に進んだと記されています。復興が順調に進んだ理由は、地子銭免除や人足免除があるかもしれませんが、それにもまして、惣町・町組・町の社会集団・共同体の結びつきが強かったことがあげられます。あれだけ痛めつけられても信長の残虐行為に巻き込まれず、避難できた人々がいたこと、それらの人を中心に復活を果たしたことは、なんとも逞しいことと、安堵する気持です。ただ、信長は、避難できた人々を利用しようとして、実際に、利用したようです。

信長の無機質の合理的な一面が出ていると思われます。

内裏塀が修復された重み

　信長が上洛したころの京都は、とにかく荒廃していました。天皇は毎日の食事も十分ではなかったのではないでしょうか。住民は自分の命を守るのが精いっぱいでした。敵の侵入を防ぐために堀を掘り、釘貫という防御扉を設けたりしていたのです。しかしそんな中で、信長が上京してきて、内裏の塀を修復したのだから天皇・公卿たちはびっくりしたのではないでしょうか。信長がしたことは、単に塀を修復したという小さなことではなく、天皇たちがびっくりするようなことをしたのだと思います。ＮＨＫ大河ではサラリと扱われていましたが、もう少し重みを付けてほしかったです。

あとがき

　京都の特色ある場所を歩いて、感じたことをまとめてみました。

　まち歩きの会員の皆さんに今までに訪ねたところで、印象に残ったところはどこですかとお聞きしたところ「島原」という答えが返ってきました。島原はかつて遊郭の場で煌びやかであったところです。今は、蝋燭、燭台が多く立てられその油膜で黒ずんでいます。しかし、螺鈿などがところどころ見られ、輝かしいころの面影を残しています。揚屋は趣のある広い庭を有し、多人数の料理を賄える大きな台所を持っていました。私たちが見学した日には太夫の特別出演があり、これらを見て私たちは黒ずんでいてもかつての輝かしかったころをまた、新選組隊士が飲み食いしている場面を想像して、その中に歴史を感じることができる場所であると思いました。

　島原・丹波口を理解するには、各時代における、相対的な位置関係を考えるのも面白いと思います。平安時代には、島原の位置に朝廷による外交使節をもてなす鴻臚館や平安京の東西の"市"が設置されました。鴻臚館の近くに寝殿造りの貴族屋敷の遺跡も発掘されていますので、それなりに人が住み、都市機能を持つ地域なのだと思われました。ただ、平安京は早々に右京が寂れ人が住まなくなり、畑がひろがっていったと思われます。これは平安期初期から1000年後の明治の地形図を見てもほとんど変わりません。かつては京都の遊郭は京都の中心部に近い東本願寺の北の六条三筋町にありましたが1640年幕府の命令により今の島原に遷されています。これは遊郭地として、都市中心部でない方がよいとの判断だったのでしょう。

　今丹波口駅周辺（島原を含む）は、京都中央市場が占めていますが、これは1927（昭和2）年全国初の中央卸売市場として　誕生し、京都一

円の食料品流通の中核機能の役割を担ってきたものです。平安京の中央市場として、西市・東市があった場所に1000年後に同じ機能を持つものがあるというのは、大変興味深いことです。

　現在では、1989年、全国初の民間運営による都市型サイエンスパークとして「京都リサーチパーク」を開設。研究開発型企業や京都府・京都市の産業支援機関が軒を連ねる、産学公連携による新産業創出拠点を実現しています。

　丹波口・島原は、平安京の時代から時代の先端を行くような施設・都市機能を持ってきたのはなぜかは、的確な指摘をするのは難しいですが、都市のＣＢＤ（中央業務地区 central business district）のようなところではなく、少し離れた所にあって、土地・面積・交通そして自由度が高い地区ではなかったかと思います。

　このようなに丹波口・島原は平安京の時代から様々な都市機能を持ち変遷してきました。変遷をたどって地区の歴史をたどることは大変印象深いことがわかりました。今後はこのような視点を大切したいと思います。

　コロナで多人数が集まれなくなって、広い空間のある植物園で何かお話しすることにしました。私たちは、歴史を見られる場としてよく寺に行くので、寺（仏教）の話をしようとしました。ただ、日本の寺（仏教）は大乗仏教なので、釈迦の仏教ではありません。子供のころから仏教は釈迦が開いたことは知っていたように記憶します。大乗仏教の基になっている、釈迦仏教について学んだ記憶はありません。また、浄土宗の総本山である知恩院に行って、釈迦堂を探しても見当たりません。京都の寺で釈迦堂を持っている寺は、千本釈迦堂・清水寺・清涼寺などごくわずかです。

　日本では仏教は国家鎮護を旨として出発しましたので、個人に寄り添う宗教ではありませんでした。奈良時代の僧侶は東大寺で僧侶として認

められ、国家鎮護を念ずる国家公務員になります。時代が経過して中世の時代には、個人も僧侶と向き合うことになります。毎日が戦いで、いつ殺されるかわからない、そんな中で、あの世で平穏に過ごせる浄土思想にあこがれます。しかしどうしたら極楽浄土に行けるのか。どのように今を過ごすのか、そのあたりが、大乗仏教と釈迦仏教とでは全く違います。浄土宗のように阿弥陀仏という絶対的な存在を認めるのか、認めないのか。絶対的存在を認めるなら、祈りをすればいい、絶対的存在を認めないなら、何らかの方法で自分で切り開くしかない。釈迦は苦行では何の結果も得られないとして座禅に向かいますが、そこはいろいろ学ぶ必要があると思われます。

　今回、この釈迦仏教（初期仏教）について、まち歩きに参加する多くの人が釈迦の世界観に強い関心を持たれました。具体的には、佐々木閑（花園大学教授）の説明されている釈迦の世界観について学習しました。この反響は今までにないものでしたので、筆者も驚きでした。

　まち歩きでは、本来宗教の基本的な世界観にまで立ち入ることはありません。しかし、1532年の山科本願寺への法華一揆衆・六角軍らの攻撃、1536年の天文法華の乱では、京都中の日蓮関連寺院が延暦寺や六角氏による攻撃によって破壊されました。また1571年の信長による延暦寺焼き討ち、1570年〜80年の信長による石山本願寺攻めと、この時代、毎日が戦いの連続でした。そしてそれに宗教が影響されていただろうことは容易に想像できます（参考文献：佐々木閑著『ゴータマは、いかにしてブッダになったのか』ＮＨＫ出版新書2013、佐々木閑著『大乗仏教』ＮＨＫ出版新書2019、佐々木閑著『宗教の本性』ＮＨＫ出版新書2021）。

　まち歩きでは宗教は取り扱わないのが原則のように思いますが、完全にシャットアウトするのではなく、各自が自分の人生を考える材料になるようなものを提供すべきと考えます。ただ、これは説明者と受講者が信頼できていることが大切で、信頼が確立されてないところでは宗教の

取り扱いは慎重にすべきだと思います。

　多面的に、高いところから俯瞰的に観察する視点も大切にしたいものです。桂川を考えるとき、松尾・梅津・嵯峨・鳥羽は京都の西部地域と強い結びつきを持っているだけでなく、大堰川を通じて丹波と結びつき、山崎や難波を通して、淀川・瀬戸内海ひいては外国とも往来することができる、そのようなスケールで見ると平安京の成り立ちは、難波宮の廃止と裏表の関係であることがよくわかります。

　そのように淀川全体を見たり、外国との交易まで考えた方がわかりやすい場合も出てきます。そのような視点も勘案して、企画したいものです。

　もう一つの視点は、グループワークを使った主体的まち歩きの参加です。案内者についていくだけでは物足りない人には、主体性を生かせるプログラムが必要です。グループワークを使うことで主体的に参加できるのではないかと考えます。

　例えば祇園祭で、①ブレーキのない鉾をどのように止めるのか。➡ブレーキに代わる数種の木材を車に食い込ませて止める。②進行方向を曲げる場合はどうしますか。➡これはテレビでもよく出てきますが、濡れた竹を並べて曲がる方向に滑らせる。これらを山鉾が展示されているところへ行って探し出す。このようにして、推理してグループで回答を出して競うのです。

　また、織物では、「胴懸け　中東連花葉文様」、「前懸け　メダリオン」や旧約聖書・創世記「イサクの嫁選び」「胴懸け　玉取獅子の図」などを事前にお見せしておいて、山鉾から実物を探し当ててもらう。世界で一つしかないもの多くありますので、探し当てると達成感もあり興味も出てきます。

　まち歩きは、工夫次第で楽しく有意義に達成感を得ることができると考えます。

清風堂長谷川桃子様には様々なご支援をいただき感謝いたします。町歩きの会にも参加してご指導を賜りました岩橋昭先生や喜田りえこ様には厚く御礼申し上げます。また、町歩きの会の皆さんには、足掛け９年74回のまち歩きに参加して貴重な声援を賜り、写真などを提供していただき心よりお礼申し上げます。

　この本は、孫の葵・旺佑・元太・三結・楓太に贈ります。また、どうしても探し出せなかった左義長の写真を探し出したりしてくれた妻の恵理子には、感謝しかありません。

著者略歴

中田　哲（なかた　さとし）

1944年　京都伏見生まれ
1963年　京都堀川高校卒業
1968年　京都教育大学卒業
1970年　大阪府立和泉高校教諭
1993年　大阪府教育委員会主任社会教育主事
2005年　大阪府立香里丘高校校長退職
2005年　立命館大学非常勤講師

カバー・表紙・扉デザイン /
クリエイティブ・コンセプト　松田 晴夫

味わい深い　京都まち歩き
歴史・地理と祭りから見た京都のまとめ帖

2023年 7月17日　初版　第1刷発行

著　者　中田　哲
発行者　面屋　洋
発行所　清風堂書店
　　　　〒530-0057　大阪市北区曽根崎 2-11-16
　　　　TEL　06-6313-1390
　　　　FAX　06-6314-1600
　　　　振替　00920-6-119910
　　　　制作編集担当　　長谷川桃子

印刷・製本　　株式会社 国際印刷出版研究所
ISBN978-4-86709-025-1
© Satoshi Nakata 2023. Printed in Japan